Shane Carley

BULLSHIT OU PAS BULLSHIT ?

La sueur des hippopotames est rose… et 499 autres vérités improbables qui vous laisseront sur le cul !

Illustré par Alex Kalomeris

Traduit et adapté de l'anglais (États-Unis) par Peggy Rolland

HarperCollins

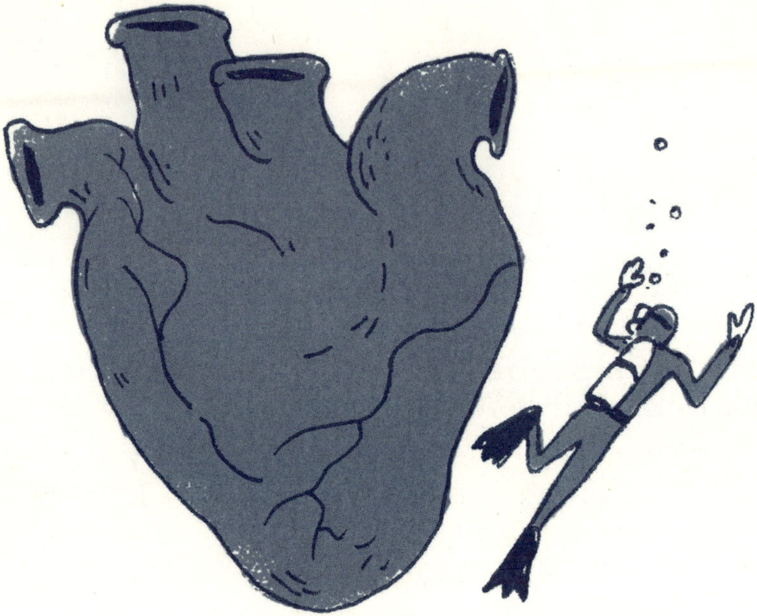

Si vous n'avez aucune idée de la taille
du cœur d'une baleine, allez p. 19.

AU MENU

INTRODUCTION

On vit sur une drôle de planète. Une drôle de planète au milieu d'un drôle d'Univers. Il en a toujours été ainsi et il en sera toujours ainsi. C'est d'ailleurs assez réconfortant de se dire que, peu importe ce que l'on sait déjà, il y aura toujours de nouvelles choses à découvrir.

Le plaisir de l'exploration est sans doute ce qui distingue les humains des autres espèces. Nous sommes curieux de nature. C'est ce qui a poussé les premiers aventuriers à mettre les voiles pour aller voir ce qu'il y avait derrière l'horizon. Ce qui a incité nos ancêtres préhistoriques à concevoir les premiers outils. Ce qui nous a conduits à marcher sur la Lune. Poussés par la curiosité, nous accomplissons ce qui semblait insensé, nous déplaçons des montagnes. Et, dernier exploit en date – et non des moindres –, c'est cette même curiosité qui vous a incité à ouvrir ce livre.

Vous n'allez pas être déçu ! Découvrir de nouvelles choses, ce n'est pas forcément répertorier une espèce insoupçonnée d'antilope ou décrire un astéroïde inconnu. Parfois, c'est simplement apprendre quelque chose qu'on ignorait. Une découverte ne doit pas nécessairement être énorme ; il s'agit souvent d'une expérience intime. Et que vous vous intéressiez aux créatures étranges, aux plantes carnivores, aux prouesses sportives ou aux corps célestes qui naviguent à des années-lumière de la Terre... les pages suivantes vont vous en mettre plein la vue !

PLUS VRAI QUE NATURE, TU MEURS

La nature, on adore. Même si elle fait peur (parfois). En tout cas, elle recèle des merveilles, et surtout des secrets incroyables. Imaginez-vous quelques instants entendre pour la première fois certains faits qui vous paraissent relever de l'évidence... Ne seriez-vous pas halluciné ?

Du genre :

– Il existe des séquoias qui font près de 100 m de haut et 10 de large.

– Il y a 100 milliards d'étoiles rien que dans notre galaxie.

– Certaines personnes parcourent des centaines de kilomètres pour voir mourir des feuilles.

– L'ornithorynque existe. Pour de vrai !

Et ce n'est qu'un avant-goût de ce que contient ce chapitre : préparez-vous à découvrir des faits, incroyables mais vrais, sur les plantes, les animaux et toutes sortes de phénomènes naturels. Parce que, même si vous vous croyez incollable sur le sujet, vous croiserez toujours quelqu'un pour vous apprendre que la transpiration des hippopotames est rose.

1 LA SUEUR DES HIPPOPOTAMES EST ROSE.

À vrai dire, ce n'est pas tout à fait exact. La sueur d'hippopotame est aussi transparente que la nôtre quand elle sort des pores. Mais le pachyderme sécrète de l'acide hipposudorique qui contient des pigments rouges, de sorte que sa transpiration prend rapidement une teinte rouge foncé qu'on prend, à tort, pour du sang. En réalité, ce qu'on désigne communément par « sueur de sang » est une combinaison d'acides, qui protège les hippos à la fois des attaques du soleil et des bactéries.

UNE RUMEUR EN LIGNE LARGEMENT RÉPANDUE SUGGÈRE QUE LE LAIT MATERNEL DES HIPPOPOTAMES EST ROSE. C'EST PEUT-ÊTRE MIGNON, MAIS ÇA N'EN EST PAS MOINS FAUX !

2 Les kangourous, candidats à l'adoption.

Les humains ne sont pas les seuls à pratiquer l'adoption. Les kangourous sont aussi connus pour abandonner leur progéniture, qui est alors élevée par d'autres femelles. On a même observé des échanges volontaires de petits entre femelles kangourous.

3 Les orques mangent du cerf.

Le phénomène s'observe notamment en Alaska, où les orques s'attaquent aux cervidés qui s'aventurent dans l'eau. Certaines orques sont également connues pour régurgiter des poissons de manière à appâter les mouettes.

4 Les mammouths laineux vivaient encore sur Terre à l'époque de la construction des pyramides.

On estime que les derniers mammouths laineux se sont éteints il y a environ 4 000 ans, à peu près à la même époque que la construction de la pyramide de Khéops. Imaginez les hiéroglyphes que ça aurait donné si les Égyptiens avaient croisé la route d'un mammouth !

5 Qui l'eût cru ? Le Tyrannosaurus rex a vécu à une période plus proche de la nôtre que de celle du stégosaure.

6 LE STÉGOSAURE EST PLUS VIEUX QUE L'HERBE.

Ce que nous appelons communément « herbe » ne s'est pas développé avant une époque avancée de l'ère du Crétacé, il y a quelque 145 millions d'années. Pour sa part, le stégosaure a vécu sur Terre au cours de l'ère jurassique, à une période comprise entre 155 et 150 millions d'années avant notre ère. Au lieu de manger de l'herbe, il se nourrissait de mousse, de fougères et d'autres espèces végétales.

7 LES NÉMATODES, DE MICROSCOPIQUES VERS RONDS, CONSTITUENT 80 % DE TOUS LES ANIMAUX VIVANT SUR TERRE.

8 LA PRESSION DE LA MÂCHOIRE DU T-REX POUVAIT ATTEINDRE 5,7 TONNES PAR DENT...

... soit l'équivalent du poids moyen d'un spécimen adulte ! À titre de comparaison, on estime que celle des animaux les plus puissants à l'heure actuelle, les crocodiles marins, est de 1,5 tonne par dent, même si certains experts avancent que la puissance de la mâchoire de l'orque serait sensiblement supérieure.

PARMI LES DINOSAURES, IL N'Y AURAIT QUE LE MÉGALODON À POSSÉDER UNE PUISSANCE DE MÂCHOIRE SUPÉRIEURE À CELLE DU T-REX, AVEC UNE FORCE D'OCCLUSION ÉQUIVALENTE À 20 TONNES !

9 ON UTILISE ENCORE DES ASTICOTS POUR NETTOYER LES BLESSURES.

En 2004, l'Agence américaine de sécurité du médicament et de l'alimentation a autorisé la production et la commercialisation d'asticots en tant que dispositif médical.

10 AVANT LES DINOSAURES, IL Y AVAIT DES CHAMPIGNONS. DES CHAMPIGNONS GÉANTS DE 8 M DE HAUT.

Communément appelés « prototaxites », certains d'entre eux atteignaient 8 m de haut pour 1 m de large. On les trouvait à une époque comprise entre 420 et 370 millions d'années avant notre ère.

11 LE SAVIEZ-VOUS ? ENVIRON 25 % DES ORGANISMES VIVANTS (VÉGÉTAUX COMPRIS) SONT DES SCARABÉES.

12 LES ARBRES PEUVENT EXPLOSER SOUS L'IMPACT DE LA FOUDRE.

La plupart des arbres (en particulier les arbres morts ou malades) contiennent de l'eau. Quand ils sont touchés par la foudre, une grande partie de cette eau est portée immédiatement à ébullition. La vapeur dégagée provoque alors un pic de pression à l'origine de l'explosion de l'arbre.

13 ON RAPPORTE DES CAS DE DOMESTICATION DU CHIEN PAR CERTAINES ESPÈCES DE BABOUINS.

14 TOI + MOI : POUR SE REPRODUIRE, LE MÂLE DE LA BAUDROIE ABYSSALE PARASITE LE CORPS DE LA FEMELLE JUSQU'À NE FAIRE QU'UN AVEC ELLE.

Dans la mesure où la baudroie abyssale vit au fond des océans, pas simple pour les femelles de trouver chaussure à leur pied dans le noir. Les femelles, bien plus grosses, délaissent les voies de reproduction classiques pour fusionner avec les minuscules mâles. Elles peuvent ainsi s'accoupler à six mâles en même temps et garantir leur accès constant à un stock de sperme suffisant à leur reproduction.

15 POUR CHAQUE HUMAIN VIVANT SUR TERRE, ON COMPTE ENVIRON 1,6 MILLION DE FOURMIS.

À cette échelle, ce n'est qu'une estimation, évidemment. Certains avancent des chiffres encore plus élevés, mais celui-ci correspond à la moyenne.

16 ON ASSOCIE LA TOMATE À L'ITALIE. POURTANT, À L'ORIGINE, ELLE POUSSAIT EN AMÉRIQUE DU SUD.

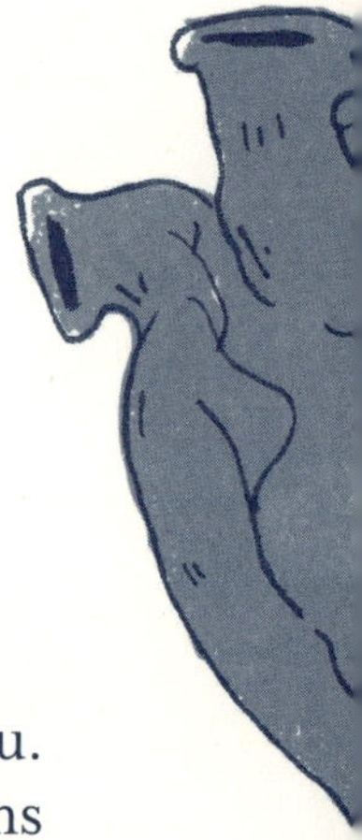

17 LES TARSIERS ONT DES YEUX AUSSI GRANDS QUE LEUR CERVEAU.

Chaque œil du tarsier a la même dimension que son cerveau. Ils sont tellement gros qu'ils ne parviennent pas à tourner dans leurs orbites. Au lieu de ça, le cou du primate a évolué de telle sorte qu'il pivote sur lui-même, un peu comme celui des chouettes.

18 D'UN POINT DE VUE PUREMENT BOTANIQUE, LA BANANE EST UNE BAIE, TANDIS QUE LES FRAISES ET LES FRAMBOISES N'EN SONT PAS.

19 UN PLONGEUR POURRAIT SE FRAYER UN PASSAGE À TRAVERS LES VEINES D'UNE BALEINE BLEUE.

Aussi fou que cela puisse paraître, c'est pourtant vrai. Le cœur d'une baleine bleue de taille moyenne est à peu près aussi gros qu'une voiture. On visualise mieux la circonférence des veines qui vont avec.

20 CETTE FOURMI S'AUTODÉTRUIRA DANS 5 SECONDES. 5, 4, 3, 2, 1...

Présentes notamment en Malaisie, les fourmis appartenant à l'espèce *Camponotus saundersi* possèdent deux glandes mandibulaires qu'elles peuvent faire exploser lorsqu'elles sont sur le point de perdre un combat. Ces glandes sont remplies d'une substance corrosive et gluante qui a pour effet d'immobiliser l'adversaire. En se suicidant, les fourmis protègent les autres membres de la colonie.

21 PRÈS DE 90 % DE LA POPULATION MONDIALE VIT DANS L'HÉMISPHÈRE NORD DE LA PLANÈTE.

22 La baleine descend du cerf.

Bon, c'est vrai, ce n'est pas tout à fait ça. Pourtant, le plus vieil ancêtre connu de la baleine s'appelle l'*Indohyus*. Il vivait il y a environ 48 millions d'années et ressemblait à un petit cervidé. Avec le temps, cette créature et ses descendants se sont adaptés au milieu aquatique jusqu'à évoluer en cétacés.

23 Un cumulus pèse en moyenne plus de 400 tonnes.

Ils ont beau sembler légers et cotonneux et donner l'impression de flotter dans le ciel, les nuages sont extrêmement lourds. On oublie trop souvent qu'ils sont constitués de vapeur d'eau et que l'eau, ça pèse quand même sacrément lourd.

24 LA TERRE EST CONSTITUÉE À 70 % D'EAU. SEUL 1 % DE CETTE EAU EST POTABLE.

25 ON PEUT ENTENDRE UNE BALEINE BLEUE À PRÈS DE 800 KM À LA RONDE.

C'est certain, ce ne sont pas nos oreilles humaines qui pourront l'entendre, mais les autres baleines, si ! (Ainsi que certains équipements audio perfectionnés.)

26 PARMI LES ESPÈCES MONOGAMES, ON TROUVE LE CASTOR, LE LOUP ET LE CYGNE.

27 CERTAINS SERPENTS SAVENT VOLER.

OK, ils ne *volent* pas à proprement parler. Mais le *Chrysopelea*, autrement appelé « serpent volant », est capable de sauter d'un arbre et de planer sur une distance pouvant aller jusqu'à cent mètres !

28 LES CHIENS SONT CAPABLES DE DÉCRYPTER LE LANGAGE CORPOREL DES HUMAINS.

Quand on dit que les chiens peuvent lire la peur chez l'homme, ce n'est pas loin de la vérité. En analysant notre langage corporel, ils sont également capables de détecter la joie, la tristesse et bien d'autres états émotionnels.

29 LES ORNITHORYNQUES SONT MOINS SYMPAS QU'IL N'Y PARAÎT.

Les ornithorynques font partie des seuls mammifères capables de sécréter leur propre venin grâce à un aiguillon placé sur les pattes postérieures des mâles. Ce venin est très toxique. Même s'il ne tue pas forcément, il est extrêmement douloureux.

30 LES CHAUVES-SOURIS VAMPIRES EXISTENT BEL ET BIEN.

Ce n'est pas une légende. Les chauves-souris de la sous-famille des *Desmodontinae*, autrement appelées « vampires », ont un régime alimentaire essentiellement constitué de sang (de vache, par exemple).

31 UN COUP DE PATTE D'AUTRUCHE PEUT VOUS TUER.

La puissance d'un coup de patte d'autruche bien placé est telle qu'elle suffit à tuer un lion.

32 POUR SURVIVRE, UN PANDA DOIT CONSOMMER AU MOINS 12 KG DE BAMBOU CHAQUE JOUR.

33 La femelle mante religieuse n'est pas la seule à manger son conjoint.

C'est aussi le cas de nombreuses araignées, dont la tarentule. Elles consomment (ou du moins elles essaient) leur partenaire après l'accouplement.

34 Les alligators sont de véritables prédateurs préhistoriques.

On trouve les alligators, sous une forme plus ou moins proche de leurs congénères actuels, depuis plus de 150 millions d'années sur Terre. Un sacré bail !

35 CERTAINES TORTUES RESPIRENT PAR LES FESSES.

C'est le cas de la tortue *Elseya albagula*, espèce endémique du Queensland en Australie, ce qui lui vaut d'ailleurs le surnom de « tortue qui respire par le bas ». Grâce à sa respiration « cloacale », elle absorbe l'oxygène nécessaire à son métabolisme.

36 LES MACAREUX POSSÈDENT UN COIN SALLE DE BAINS DANS LEURS NIDS.

37 IL EXISTE DES MÉDUSES IMMORTELLES.

On les trouve notamment dans la mer Méditerranée ou le long des côtes du Japon. Qualifiées d'immortelles en raison de leur capacité à régénérer indéfiniment leurs cellules, elles restent malgré tout exposées aux prédateurs.

38 LES BÉBÉS TORTUES COMMUNIQUENT ENTRE EUX DÈS L'ŒUF.

39 LA NORVÈGE A FAIT UN MANCHOT EMPEREUR CHEVALIER.

Non, vous n'avez pas lu de travers. En 2008, le roi Harald V de Norvège a promu un manchot empereur au rang de chevalier. Appelé Sir Nils Olav, l'animal, originaire du zoo d'Édimbourg en Écosse, avait été adopté par une unité de la garde royale norvégienne en 1961.

40 LES CORBEAUX SONT CAPABLES DE RECONNAÎTRE LES VISAGES HUMAINS.

Il n'y a pas que les chiens à pouvoir reconnaître les humains. Plusieurs études ont montré que les corbeaux en étaient également capables, voire d'en repérer certains parmi une foule.

41 LES PIEUVRES SONT LES REINES DE L'ÉVASION.

Certaines sont parvenues à se glisser hors de leur bassin pour manger d'autres espèces en captivité. D'autres ont même réussi à se faufiler jusqu'à l'océan. Et dire qu'Aristote affirmait que les pieuvres étaient stupides… Il se retournerait dans sa tombe.

42 LES ALGUES ET LE PLANCTON GÉNÈRENT PLUS D'OXYGÈNE QUE LES ARBRES.

43 IL EXISTE DES CÉPHALOPODES AUX ORGANES SEXUELS AMOVIBLES.

L'argonaute-voilier mâle s'accouple en se séparant de son organe sexuel capable de nager jusqu'à la femelle qu'il pénètre pour déverser le sperme qui fécondera les œufs.

44 LES LICORNES N'EXISTENT PAS (DÉSOLÉ !). ET POURTANT C'EST L'ANIMAL EMBLÈME DE L'ÉCOSSE.

45 UN ESCARGOT COMPTE PARMI LES CRÉATURES LES PLUS VENIMEUSES AU MONDE.

Appelé « cône géographique », ce mollusque de l'océan Indien sécrète un venin capable de paralyser et de tuer instantanément sa proie.

46 IL Y A ENCORE QUELQUES SIÈCLES, LE POIDS DES FOURMIS SUR TERRE DÉPASSAIT CELUI DES HUMAINS.

Or les humains se reproduisent massivement. En quelque trois cents ans, la population mondiale a explosé. Sans parler du fait que nous pesons de plus en plus lourd…

47 LES RAYURES DES ZÈBRES ET DES TIGRES SE DISTINGUENT D'UN INDIVIDU À L'AUTRE, UN PEU COMME NOS EMPREINTES DIGITALES.

48 IL Y A PLUS D'ARBRES SUR TERRE QUE D'ÉTOILES DANS LA VOIE LACTÉE.

Les astronomes estiment que le nombre d'étoiles de la Voie lactée est compris entre 200 et 400 milliards. Les scientifiques évaluent pour leur part à 3 000 milliards le nombre d'arbres sur Terre.

49 LE CAFÉ VIENT DE LA CERISE.

Les grains de café tels que nous les connaissons et chérissons tous correspondent en réalité au noyau (et à la graine) d'un fruit comparable à une cerise qui pousse sur le caféier.

50 SUR L'ÎLE-DU-PRINCE-ÉDOUARD AU CANADA, LA PLUS GRANDE PARTIE DU SOL EST D'UN ROUGE BRIQUE CARACTÉRISTIQUE.

51 LES PREMIÈRES PERSONNES À AVOIR MESURÉ LE MONT EVEREST ONT MENTI SUR LE CHIFFRE EXACT.

L'équipe britannique qui a procédé aux premières mesures en 1856 est en effet tombée sur le chiffre parfaitement rond de 29 000 pieds (8 839,2 m). Pensant qu'on ne la croirait pas, elle a ajouté deux pieds supplémentaires. Aujourd'hui, on estime que le mont Everest culmine à 8 448 m.

52 IL FAUDRAIT QU'UN HUMAIN SOIT PIQUÉ PAR PLUS D'UN MILLION DE MOUSTIQUES POUR ÊTRE VIDÉ DE SON SANG.

53 À L'ORIGINE, VOUS N'ÉTIEZ QU'UN ANUS.

Quand l'embryon humain commence à se développer dans l'utérus, un des premiers organes à se former est l'anus.

54 UN INDIVIDU MOYEN DE 80 KG PORTE SUR LUI 1 À 3 KG DE BACTÉRIES.

55 VOUS SAVIEZ SANS DOUTE QUE LES VACHES ONT TROIS ESTOMACS. MAIS SAVIEZ-VOUS QUE LES PIEUVRES ONT TROIS CŒURS ?

56 LES CROCODILES RESSEMBLENT À DE GROS LÉZARDS. EN RÉALITÉ, ILS ONT PLUS DE POINTS COMMUNS AVEC LES OISEAUX.

Ce n'est pas franchement une surprise quand on sait que les oiseaux sont les descendants directs des dinosaures.

57 LES REQUINS SONT PLUS VIEUX QUE LES ARBRES.

Les arbres tels que nous les connaissons aujourd'hui sont apparus il y a environ 350 millions d'années. Les premiers requins, quant à eux, sont apparus il y a environ 400 millions d'années.

58 VRAI OU FAUX ? IL EXISTE UNE ESPÈCE DE PIEUVRE SURNOMMÉE BAMBI.

C'est faux. En revanche, il existe bien une pieuvre surnommée Dumbo, en raison de ses nageoires latérales qui ressemblent à deux grandes oreilles.

59

IL Y A UNE FORTE PROBABILITÉ QUE VOTRE CORPS CONTIENNE PLUS DE MICRO-ORGANISMES BACTÉRIENS QUE DE CELLULES PROPREMENT HUMAINES. LES SCIENTIFIQUES PENSENT MÊME QU'IL Y EN A DIX FOIS PLUS !

60

ON PEUT GÉNÉRALEMENT PRÉDIRE LA COULEUR DES ŒUFS D'UNE POULE À CELLE DE SES LOBES D'OREILLE.

61 LA PALME DU "PÉNIS LE PLUS BRUYANT" REVIENT À UN INSECTE : LE BATELIER D'EAU.

Après une mesure de ses stridulations à 99,2 décibels, les scientifiques ont d'abord cru à une défaillance de leurs instruments de mesure. En réalité, l'insecte est l'animal le plus bruyant au monde (proportionnellement à sa taille).

62 UN POULET AURAIT SURVÉCU DEUX ANS ALORS QU'ON LUI AVAIT COUPÉ LA TÊTE.

C'est en tout cas ce qu'ont prétendu les propriétaires de Mike le poulet sans tête, dont la hache aurait manqué la veine jugulaire et préservé le tronc cérébral. Canular ou pas, une statue a été érigée dans la ville de Fruita, aux États-Unis, qui célèbre encore tous les ans son miraculeux poulet.

MIKE LE POULET SANS TÊTE A VOYAGÉ À TRAVERS LES ÉTATS-UNIS OÙ IL EST DEVENU CÉLÈBRE. ON LE NOURRISSAIT À L'AIDE D'UNE SERINGUE COMPTE-GOUTTES.

63 LES PAPILLONS GOÛTENT AVEC LEURS PATTES.

C'est là en effet que se trouvent leurs récepteurs gustatifs.

64 LES CHÈVRES ONT DES ACCENTS.

Selon la région où elles habitent, les chèvres ont des bêlements différents.

65 VRAI OU FAUX ? LES RENNES ONT LES YEUX ROUGES.

Faux. Pourtant la couleur des yeux des rennes change selon la période de l'année. En hiver, ils sont bleus pour qu'ils puissent voir malgré la faible luminosité.

66 VRAI OU FAUX ? QUAND LES ABEILLES TROUVENT UNE POSSIBLE SOURCE DE NOURRITURE, ELLES FONT UNE "DANSE DE LA VICTOIRE".

C'est vrai ! C'est ainsi qu'elles indiquent aux autres abeilles de la colonie la présence de cette source.

67 AUTREFOIS, LES CASTORS FAISAIENT LA TAILLE DES OURS.

Au même titre que de nombreux animaux, les castors sont devenus de plus en plus petits au cours de l'évolution.

68 LES FESSES DU CASTOR SENTENT LA VANILLE.

Enfin… presque. Les castors sécrètent au niveau des glandes anales une substance qu'on retrouve notamment dans les arômes artificiels de vanille. Miam !

69 DANS LES MILIEUX AUX TEMPÉRATURES ÉLEVÉES, LES HUMAINS SONT LES COUREURS LES PLUS ENDURANTS DU RÈGNE ANIMAL.

70 VRAI OU FAUX ? LES HUMAINS SONT LES SEULS ÊTRES VIVANTS À PRATIQUER LE SEXE ORAL.

C'est faux ! C'est aussi le cas des ours, des lions, des singes (cela dit, on n'a encore jamais observé l'une de ces espèces en position 69…).

71 VRAI OU FAUX ? LES ÉCUREUILS VOMISSENT PRÈS DE LA MOITIÉ DE CE QU'ILS INGURGITENT.

Faux. En réalité, les écureuils, au même titre que la plupart des rongeurs, sont incapables de vomir.

72 LES DAUPHINS S'APPELLENT PAR LEUR PRÉNOM.

Ils communiquent entre eux et répondent à des sifflements uniques comme s'il s'agissait de leur prénom.

73 L'IGUANE À CORNES LANCE DU SANG PAR LES YEUX POUR SE DÉFENDRE.

Il peut même en projeter à un mètre !

74 VRAI OU FAUX ? LES DAUPHINS SONT LES PLUS GRANDS GENTLEMEN DU MONDE ANIMAL.

Faux. Les dauphins sont notamment réputés pour agresser sexuellement non seulement leurs congénères… mais aussi les humains.

75 VRAI OU FAUX ? LE PAPA LONGUES JAMBES FAIT PARTIE DES ARAIGNÉES LES PLUS MORTELLES, MAIS SES CROCHETS NE PEUVENT PAS SE PLANTER DANS L'ÉPIDERME HUMAIN.

Faux. Sur toute la ligne.

76 VRAI OU FAUX ? LES PERSONNES SITUÉES AU NIVEAU DE L'ÉQUATEUR SE DÉPLACENT À 3 220 KM/H.

C'est faux. La Terre tourne sur elle-même à une vitesse d'environ 1 600 km/h. En revanche, si vous vous trouvez au pôle Nord, c'est comme si vous tourniez sur vous-même comme une toupie.

77 CE SONT PRINCIPALEMENT LES LIONNES QUI CHASSENT.

Pendant ce temps, ces messieurs se reposent… Classique !

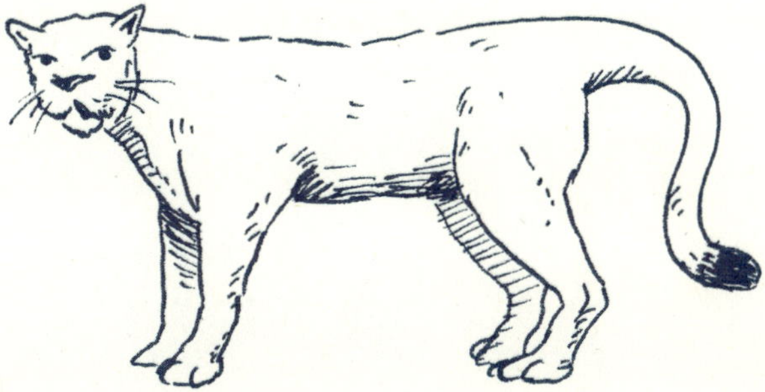

78 VRAI OU FAUX ? UN RHINOCÉROS BAT UN ÉLÉPHANT AU SPRINT.

Vrai. Un rhinocéros peut faire des pointes de vitesse à 50 km/h (sur une très courte distance), tandis que l'éléphant ne dépasse pas les 25 km/h.

79 VRAI OU FAUX ? LES FOURMIS ONT SIX POUMONS.

Faux. En vérité, elles n'en ont même pas.

80 LA GRAVITÉ N'EST PAS LA MÊME PARTOUT SUR TERRE.

Aussi étrange que cela puisse paraître, la densité de la Terre est variable selon l'endroit où l'on se trouve, si bien que la pesanteur peut varier elle aussi.

81 LES PÔLES MAGNÉTIQUES DE LA TERRE SE DÉPLACENT.

Ils s'inversent même toutes les quelques centaines de milliers d'années. D'ailleurs, la prochaine inversion des pôles devrait avoir lieu dans pas longtemps…

82

VRAI OU FAUX ? SI ON ENLEVAIT TOUS LES NAVIRES ET TOUS LES SOUS-MARINS QUI SONT EN MER, LE NIVEAU DE LA MER BAISSERAIT DE 8 CM.

Faux. S'il devait baisser, ce serait d'un poil à peine.

83

LES FEMELLES KOALAS ONT DEUX VAGINS.

Puisqu'on vous dit que c'est vrai !

84 VRAI OU FAUX ? L'EAU N'A PAS D'ODEUR.

C'est faux, du moins selon toute vraisemblance. En tout cas, les éléphants peuvent la sentir à plusieurs kilomètres à la ronde, à moins qu'ils ne détectent en réalité que l'odeur des plantes et des animaux qui vivent à proximité des plans d'eau.

85 VRAI OU FAUX ? LE CHAT EST LE PREMIER ANIMAL DOMESTIQUÉ PAR L'HOMME.

Faux. Cet honneur revient au chien, qui aurait été domestiqué il y a quelque 12 000 ans. Les chèvres, domestiquées il y a environ 10 000 ans, les battent également…

LES PREMIERS CHATS DOMESTIQUES SONT APPARUS IL Y A 4 000 ANS.

86 LE CANNABIS ET LE HOUBLON FONT PARTIE DE LA MÊME FAMILLE DE PLANTES.

Ils appartiennent à la famille des cannabacées.

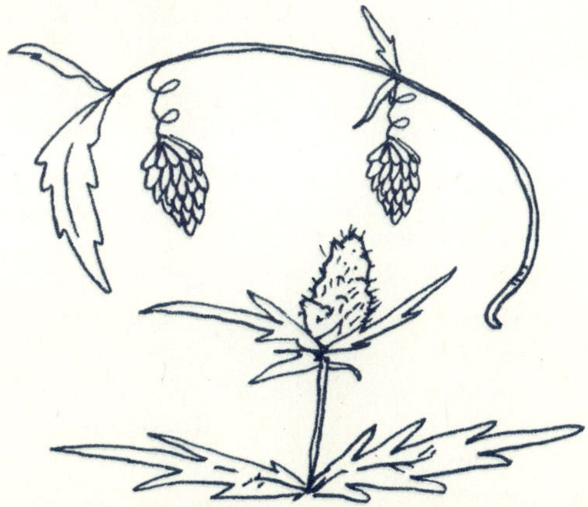

87 VRAI OU FAUX ? UN CAMÉLÉON AVEUGLE ADOPTE PAR DÉFAUT LA COULEUR VERTE POUR SE FONDRE AVEC LA VÉGÉTATION DE SON HABITAT NATUREL.

C'est faux. Même chez le caméléon aveugle, le mécanisme de camouflage fonctionne.

88 VRAI OU FAUX ? LES ÉTOILES DE MER N'ONT QU'UN ŒIL SITUÉ AU CENTRE.

Faux. En réalité, elles en ont un à l'extrémité de chaque bras.

89 VRAI OU FAUX ? LE PLUS VIEIL ARBRE AU MONDE DATE DE L'ÉPOQUE DES DINOSAURES.

Faux. Les arbres ont beau avoir une grande espérance de vie, le plus vieil arbre connu à ce jour n'est âgé « que » de quelques milliers d'années. Rien à voir donc avec les dinosaures.

90 LORS DE L'ACCOUPLEMENT CHEZ LES ABEILLES, LE PÉNIS DES FAUX BOURDONS EXPLOSE ET LES CONDAMNE À MORT.

Si vous tendez l'oreille, vous pouvez même entendre un petit « pop ».

91 VRAI OU FAUX ? LES VERS PLATS SONT CAPABLES DE LANCER DES PROJECTILES AVEC LEUR ANUS QUAND ILS CHASSENT.

Faux. En revanche, ils sont connus pour leurs combats de pénis lors de la reproduction…

92 PENDANT LES PÉRIODES DE REPRODUCTION, LES LIONS PEUVENT AVOIR DES RAPPORTS SEXUELS DES DIZAINES DE FOIS PAR JOUR.

Qui dit mieux ?

93 VRAI OU FAUX ? AU CAMEROUN, UNE ESPÈCE DE GRENOUILLE A ÉTÉ BAPTISÉE "GRENOUILLE DE L'HORREUR" EN RAISON DES CRIS D'EFFROI QU'ELLE POUSSE QUAND ELLE SE SENT MENACÉE.

Faux. En vérité, *Trichobatrachus robustus*, dite également « grenouille chevelue », tient son surnom de la capacité de l'animal à briser ses os pour en faire des griffes qui lui servent à se défendre.

94 LE PLUS GRAND HIBERNATEUR AU MONDE EST UNE GRENOUILLE.

La grenouille des bois peut hiberner jusqu'à sept mois d'affilée. Pour ce faire, elle s'enterre dans le sol et se met en arrêt cardiaque de sorte que le sang ne circule presque plus dans les veines.

95 VRAI OU FAUX ? LE BAOBAB SE DISTINGUE PAR SA CAPACITÉ À SURVIVRE AVEC UNE SEULE CUILLÈRE À THÉ D'EAU PAR MOIS.

Faux. À la saison des pluies, le baobab se gorge d'eau qu'il conserve pour survivre à la saison sèche. Les estimations varient, mais un même baobab peut retenir plusieurs centaines (voire plusieurs milliers) de litres d'eau.

96 VRAI OU FAUX ? LA COQUILLE SAINT-JACQUES EST LE SEUL MOLLUSQUE COMPLÈTEMENT AVEUGLE.

C'est faux. Au contraire, la coquille Saint-Jacques a pour particularité de posséder jusqu'à 200 yeux en bordure de sa coquille.

97 VRAI OU FAUX ? LES ÉLÉPHANTS SONT LES CHAMPIONS DU SAUT EN HAUTEUR DU RÈGNE ANIMAL.

Faux. Les éléphants sont tout bonnement incapables de sauter.

98 VRAI OU FAUX ? LES RAIES ÉLECTRIQUES SONT APPELÉES AINSI À TORT. LE CHOC QU'ELLES PROVOQUENT EST EN RÉALITÉ LIÉ À UNE TOXINE QU'ELLES SÉCRÈTENT.

Faux. Les raies électriques le sont vraiment ! Certaines peuvent même lancer des décharges de 500 volts.

99 VRAI OU FAUX ? LES FRAISES NE SONT PAS VRAIMENT DES FRUITS, PLUTÔT DES FLEURS.

Vrai ! D'un point de vue botanique, les petites graines qu'on aperçoit sur la fraise sont les « véritables » fruits. La chair fait partie de la fleur.

100

ON DIT QUE LES OISEAUX SONT LES PLUS PROCHES DESCENDANTS DES DINOSAURES. ET C'EST VRAI ! LES OISEAUX APPARTIENNENT AU CLADE DINOSAURIA. CELA SIGNIFIE QU'ILS ONT UN ANCÊTRE COMMUN AVEC LES DINOSAURES.

UN ESPACE COMPLÈTEMENT SPACE

Tout est COMPLÈTEMENT dingue quand on réfléchit à ce qui se passe dans l'espace. Vous rappelez-vous le jour où vous avez entendu parler des trous noirs pour la première fois ? Vous aussi, vous avez trouvé ça hallucinant ? Dans ce chapitre, vous allez découvrir un certain nombre de faits tout aussi (d)étonnants.

Nous n'allons pas nous limiter à notre « petit » Système solaire, même s'il y a tellement de choses à dire sur Jupiter qu'on pourrait y consacrer un bouquin entier. Nous allons aussi parler planètes, comètes, étoiles, quasars et vide interstellaire. L'espace n'a pas fini de nous surprendre : il s'étend à l'infini, ce qui signifie qu'on ne sera jamais à court de découvertes ébouriffantes.

1 MISES BOUT À BOUT, LES PLANÈTES DE NOTRE SYSTÈME SOLAIRE COUVRENT LA DISTANCE TERRE-LUNE.

Et ce, même si on compte Pluton.

2 SI LE SOLEIL DEVAIT DISPARAÎTRE D'UN COUP, IL FAUDRAIT HUIT MINUTES À LA TERRE POUR DÉVIER DE SON ORBITE.

C'est le temps que met la lumière pour voyager du Soleil à la Terre. Si le Soleil venait à disparaître, non seulement notre planète serait plongée dans le noir, mais la gravité disparaîtrait également, et nous errerions ensuite dans l'espace.

3 UNE JOURNÉE SUR VÉNUS EST PLUS LONGUE QU'UNE ANNÉE SUR VÉNUS.

Une journée sur Vénus (soit une rotation sur elle-même) prend l'équivalent de 243 jours (sur Terre). En revanche, Vénus tourne autour du Soleil en 224 jours. Il faut donc moins de temps à Vénus pour faire le tour du Soleil que pour tourner sur elle-même.

4 IC 1101 : C'EST LE NOM DE LA PLUS GRANDE GALAXIE CONNUE À CE JOUR. ELLE EST SOIXANTE FOIS PLUS IMPORTANTE QUE LA VOIE LACTÉE.

IC 1101 mesure six millions d'années-lumière de diamètre. Vertigineux ! À titre de comparaison, il faut 100 000 années-lumière pour traverser la Voie lactée. IC 1101 abriterait 100 000 milliards d'étoiles.

5 VÉNUS NE TOURNE PAS DANS LE MÊME SENS QUE LES AUTRES PLANÈTES. LE PIRE, C'EST QU'ON NE SAIT PAS POURQUOI...

Tandis que l'écrasante majorité des autres planètes de notre Système solaire tourne dans le sens des aiguilles d'une montre, Vénus possède une rotation rétrograde. Il existe bien quelques théories pour expliquer ce phénomène, mais aucune certitude ne prévaut à ce sujet.

6 LE FILM *ALIEN* AVAIT RAISON : SI VOUS CRIEZ DANS L'ESPACE, PERSONNE NE RISQUE DE VOUS ENTENDRE.

Les sons que nous percevons sont liés à une vibration qui parcourt les molécules constitutives de l'air. Or, l'espace étant par définition un vide physique, aucune molécule ne peut vibrer.

DANS LA VRAIE VIE, TOUTES LES BATAILLES SPATIALES DE STAR TREK ET DE STAR WARS SERAIENT DONC PARFAITEMENT SILENCIEUSES !

7 LES EMPREINTES LAISSÉES PAR LES PREMIERS HOMMES À AVOIR MARCHÉ SUR LA LUNE NE S'EFFACERONT PROBABLEMENT JAMAIS.

En effet, en l'absence d'atmosphère sur la Lune, il n'y a pas de vent pour balayer. Seul un impact venant de l'extérieur risquerait de disperser la poussière de la surface de la Lune.

8 LA PLUS HAUTE MONTAGNE DE NOTRE SYSTÈME SOLAIRE EST PRESQUE TROIS FOIS PLUS ÉLEVÉE QUE L'EVEREST. EN PLUS, C'EST UN VOLCAN !

Le point culminant sur Mars s'appelle *Olympus Mons* (« mont Olympe » en latin). Il domine les plaines martiennes à près de 21 229 m !

9

LA ROTATION DE LA TERRE N'ÉTANT PAS TOUT À FAIT RÉGULIÈRE, ON AJOUTE UNE SECONDE INTERCALAIRE AU TEMPS UNIVERSEL COORDONNÉ (UTC) AFIN D'ÉVITER UN DÉCALAGE AVEC LE TEMPS UNIVERSEL.

10

LA PLUS GRANDE ÉTOILE CONNUE À CE JOUR EST 7 MILLIARDS DE FOIS PLUS GRANDE QUE LE SOLEIL.

On considère que le rayon solaire de UY Scuti est 2 708 fois plus grand que le rayon du Soleil. Si on superposait UY Scuti à notre Système solaire, l'étoile engloutirait tout, au moins jusqu'à l'orbite de Jupiter. Certains scientifiques avancent des tailles encore supérieures, mais notre chiffre correspond à l'estimation la plus largement admise.

11 LA STATION SPATIALE INTERNATIONALE POSSÈDE SA PROPRE SALLE DE CINÉMA.

Bon, c'est sans doute exagéré de parler de salle de cinéma. En tout cas, la station possède un projecteur conçu pour permettre aux astronautes de regarder des films. Évidemment, *Gravity* et *Star Trek* sont au programme.

12 LA VOIE LACTÉE CONTIENT DES NAPPES D'ALCOOL DE PLUSIEURS MILLIARDS DE KILOMÈTRES.

Le méthanol et l'éthanol sont les formes les plus pures d'alcool. Ils se retrouvent dans l'espace sous forme d'immenses nuages.

13 CERTAINES ÉTOILES SONT TELLEMENT FROIDES QU'ON PEUT LES TOUCHER.

Enfin, à supposer que vous n'ayez pas été réduit en bouillie avant par la gravité.

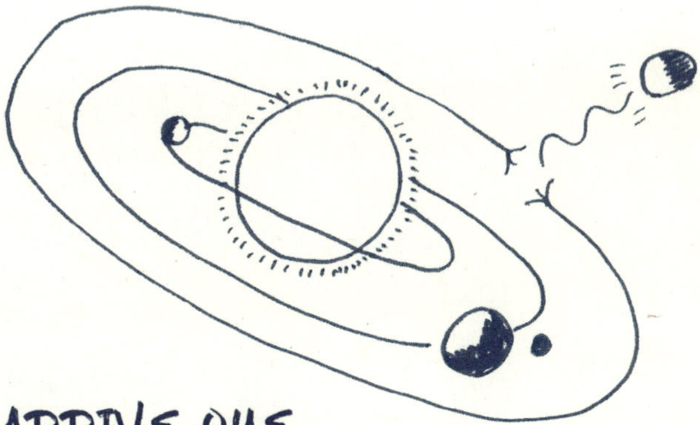

14 IL ARRIVE QUE DES PLANÈTES SOIENT ÉJECTÉES HORS DE CERTAINS SYSTÈMES SOLAIRES.

15 ON PEUT OBSERVER LA FOUDRE DANS L'ESPACE.

Vous qui pensiez que ce n'était que dans *Star Trek* ! Pas du tout. La foudre est un phénomène qu'on voit aussi dans l'espace. Ce sont les trous noirs qui sont alors à l'origine du phénomène : les éclairs sont encore plus étendus que la Voie lactée.

16 LE SOLEIL REPRÉSENTE À LUI SEUL 99 % DE LA MASSE TOTALE DU SYSTÈME SOLAIRE.

17 ON EST PLUS GRAND DANS L'ESPACE QUE SUR TERRE.

C'est somme toute logique : la pesanteur n'est pas là pour nous attirer et comprimer notre colonne vertébrale. On gagne donc forcément quelques millimètres !

18 L'ÉTOILE POLAIRE N'A PAS TOUJOURS ÉTÉ LA MÊME... ET ELLE NE LE RESTERA PAS ÉTERNELLEMENT.

Les étoiles se déplacent. L'actuelle étoile Polaire de l'hémisphère Nord est Polaris. Avant elle, c'était Draconis. Et, dans quelque 12 000 ans, l'étoile la plus proche de notre pôle Nord devrait être Vega.

19 IL EXISTE UNE PLANÈTE EN DIAMANT.

Il s'agit de la planète baptisée 55 Cancri e dont la masse serait en grande partie constituée de carbone cristallisé. Les scientifiques ont d'abord cru que c'était le principal élément de cette planète (les diamants proviennent du carbone sous haute pression), mais de plus récentes études remettent en cause ces hypothèses. En tout cas, il est probable que 55 Cancri e soit en partie recouverte d'une épaisse couche de diamant.

20 IL EXISTE DANS L'ESPACE DES STRUCTURES DONT LA TAILLE DÉFIE L'ÉTAT ACTUEL DES CONNAISSANCES EN PHYSIQUE.

C'est le cas du Grand Mur d'Hercule et de la Couronne boréale, par exemple. Ce filament galactique s'étendrait sur plus de dix milliards d'années-lumière et repousse les limites des corps les plus grands de l'Univers jamais observés.

21 IL EXISTE DANS L'ESPACE UNE MASSE APPELÉE "LE GRAND ATTRACTEUR". PERSONNE NE SAIT DE QUOI IL S'AGIT EXACTEMENT.

C'est en réalité une « anomalie gravitationnelle ». Tout ce qu'on en sait, c'est qu'elle se déplace… et qu'elle emporte avec elle de nombreuses galaxies et amas de galaxies.

22 SATURNE FLOTTERAIT SUR L'EAU.

Vous n'ignorez sans doute pas que Saturne est une planète géante gazeuse. Mais saviez-vous que cette planète est moins dense que l'eau ? S'il existait une piscine suffisamment grande pour la contenir, Saturne flotterait fièrement comme une bouée à la surface.

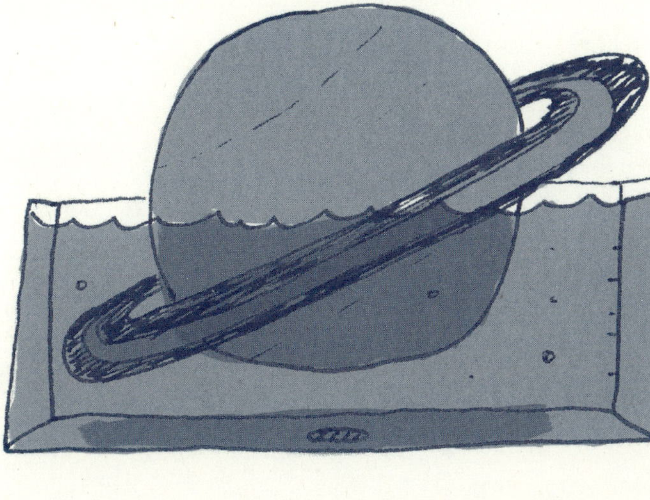

23 LA NOMENCLATURE DES CONSTELLATIONS EST VALIDÉE PAR L'UNION ASTRONOMIQUE INTERNATIONALE, DONT LE SIÈGE EST À PARIS.

Cela peut sembler fou, mais il existe une liste des constellations « officiellement reconnues ». Il arrive même que certaines, pourtant bien connues, soient sorties de la liste.

24 SI LA GALAXIE D'ANDROMÈDE (VOISINE DE LA NÔTRE) BRILLAIT PLUS FORT, ELLE APPARAÎTRAIT PLUS GROSSE QU'UNE PLEINE LUNE DANS LE CIEL.

25 ÇA SENT LE STEAK DANS L'ESPACE.

Évidemment, l'espace n'a pas d'odeur (en l'absence d'air), mais les astronautes qui reviennent sur Terre racontent souvent que leur équipement sent la viande carbonisée.

26 POUR DEVENIR UN TROU NOIR, LA TERRE DEVRAIT ÊTRE COMPRESSÉE DANS UN VOLUME DE QUELQUES CENTIMÈTRES CUBES À PEINE.

27 LES ÉTATS-UNIS ONT FAILLI PULVÉRISER LA LUNE.

Dans les années 1950, l'armée de l'air américaine a envisagé de lancer un missile nucléaire sur la Lune afin de prouver sa supériorité militaire (l'explosion aurait probablement été visible depuis la Terre).

28 LA LUNE N'EST PAS LE SEUL SATELLITE NATUREL DE LA TERRE.

On observe également quelques astéroïdes et autres corps de petite taille en orbite autour de notre planète, mais leur taille n'est pas suffisante pour qu'on s'en préoccupe vraiment.

29 CERTAINS SCIENTIFIQUES AVANCENT L'HYPOTHÈSE DE L'EXISTENCE DE TROUS BLANCS. ILS SERAIENT (EN GROS) L'OPPOSÉ DES TROUS NOIRS.

30 ON OBSERVE SUR JUPITER UNE TEMPÊTE QUI PEUT FAIRE JUSQU'À TROIS FOIS LA TAILLE DE LA TERRE.

Vous avez sans doute déjà entendu parler de la Grande Tache rouge de Jupiter. Saviez-vous qu'il s'agit en réalité d'une gigantesque tempête qui fait rage depuis des centaines d'années et qui pourrait engloutir jusqu'à trois fois la taille de notre planète ?

31 BUZZ ALDRIN REVENDIQUE (AVEC FIERTÉ) D'AVOIR ÉTÉ LE PREMIER HOMME À URINER SUR LA LUNE.

Peu probable que quelqu'un d'autre cherche à lui voler la vedette là-dessus.

32 LES ÉTOILES VAMPIRES, ÇA EXISTE !

On les observe dans les systèmes binaires (où une étoile est en orbite autour d'une autre). L'étoile la plus dense se met à aspirer l'énergie de la plus « faible » en la vidant de son hydrogène, de sorte que la masse de cette dernière diminue.

33 DES GALAXIES S'ÉLOIGNENT DE NOUS À UNE VITESSE SUPÉRIEURE À CELLE DE LA LUMIÈRE.

En théorie, dans le vide, aucune particule ne peut dépasser la vitesse de la lumière. Mais, du fait de l'expansion de l'Univers, certaines galaxies qui s'éloignent de nous paraissent pourtant la dépasser.

34

IL FAUT ENVIRON 200 MILLIONS D'ANNÉES AU SOLEIL POUR FAIRE LE TOUR DU CENTRE DE NOTRE GALAXIE.

35

À BORD DE LA STATION SPATIALE INTERNATIONALE, ON ASSISTE À PEU PRÈS À QUINZE COUCHERS ET LEVERS DE SOLEIL PAR JOUR.

L'ISS fait approximativement le tour de la Terre en 90 minutes, ses habitants assistent donc environ quinze fois par jour au lever et au coucher du Soleil. Comme le Petit Prince…

36 CERTAINS SCIENTIFIQUES SOUPÇONNENT L'EXISTENCE D'UNE MÉGASTRUCTURE VOLANTE NON IDENTIFIÉE QUI TOURNERAIT AUTOUR D'UNE LOINTAINE ÉTOILE.

On a en effet observé des baisses de luminosité de l'étoile KIC 8462852. Des astronomes spéculent depuis sur l'existence d'une structure non identifiée qui viendrait périodiquement bloquer la lumière. Mais d'autres penchent pour des explications plus crédibles.

37 IMPOSSIBLE DE SIFFLER DANS L'ESPACE.

Plus exactement, il est impossible de siffler à l'intérieur d'une combinaison d'astronaute. La pression de l'air n'est pas suffisante pour créer les conditions permettant de siffler en travaillant.

38

SI TANT EST QU'IL EXISTE UN RECORD OFFICIEL DANS CETTE CATÉGORIE, PERSONNE N'A JAMAIS EU DE RAPPORTS SEXUELS DANS L'ESPACE.

Mais comment en être absolument certain ?

39

LA LISTE DES ANIMAUX QUI SONT ALLÉS DANS L'ESPACE NE SE RÉDUIT PAS À DES CHIENS, DES CHATS ET DES SINGES. ON TROUVE AUSSI DES GRENOUILLES ET DES COCHONS D'INDE.

40 LES BOOMERANGS PEUVENT REVENIR DANS L'ESPACE.

Les astronautes de l'ISS ont prouvé que, dans les conditions de l'apesanteur, un boomerang revenait à son expéditeur. En revanche, ne vous amusez pas à en lancer un dans l'espace, vous risquez de ne plus jamais en voir la couleur !

41 LES ASTRONAUTES FONT POUSSER DES PLANTES DANS L'ESPACE GRÂCE À LEURS SLIPS SALES.

Les astronautes portent leurs sous-vêtements plusieurs jours d'affilée (pas moyen de faire sa lessive là-haut !). L'astronaute Don Pettit a ainsi décidé d'utiliser les « éléments nutritifs » présents dans ses slips sales pour aider ses plantes à pousser. Le pire, c'est que ça a marché !

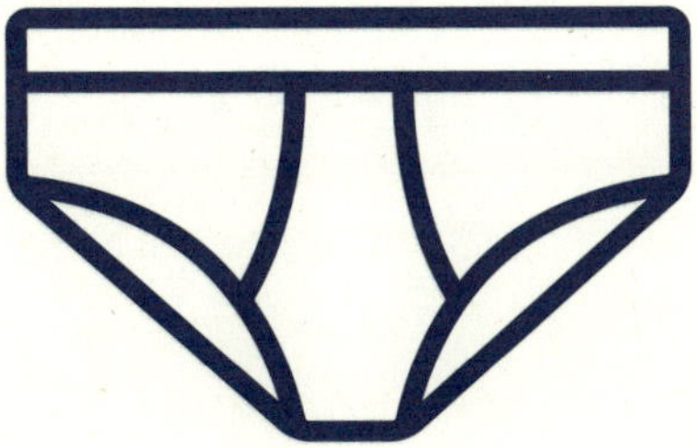

L'ISOLATION APPORTÉE PAR LES SOUS-VÊTEMENTS A AUSSI PERMIS DE MAINTENIR UNE TEMPÉRATURE SUFFISANTE POUR LA POUSSE DES GRAINES.

42 LES MÉTAUX FUSIONNENT DANS L'ESPACE.

Ce phénomène est qualifié de « fusion froide ». S'il n'est pas avéré que la fusion nucléaire est possible sur Terre à température ambiante, en revanche, dans l'espace, mieux vaut éviter de mettre deux morceaux d'un même métal ensemble si on ne veut pas qu'ils collent immédiatement entre eux.

43 LA DISTILLERIE ÉCOSSAISE ARDBEG A FAIT VIEILLIR DU WHISKY DANS L'ESPACE !

Sans surprise, l'édition limitée s'appelle « Supernova ».

44 LES ÉTOILES À NEUTRONS TOURNENT SUR ELLES-MÊMES PLUS DE 700 FOIS PAR SECONDE.

Les étoiles à neutrons font partie des objets de l'Univers à la densité la plus élevée. Du fait de leur mouvement rapide, elles produisent un champ magnétique considérable.

45 LES COSMONAUTES RUSSES ÉTAIENT ARMÉS DANS L'ESPACE AU CAS OÙ ILS AURAIENT ATTERRI DANS UN ENVIRONNEMENT HOSTILE.

On rapporte qu'ils avaient sur eux des couteaux, des machettes et même des revolvers pour le cas où ils auraient dû se protéger du monde sauvage, à leur retour sur Terre.

46 VRAI OU FAUX ? L'UNIVERS OBSERVABLE COMPTE ENVIRON DEUX MILLIARDS DE GALAXIES.

Faux. Les scientifiques estiment qu'il y aurait plus de cent milliards de galaxies dans la partie visible de notre Univers. Mais au-delà ? Dieu seul le sait...

47 LES ASTRONAUTES ONT DES SENSATIONS DE TOUCHER AVEC LES DOIGTS, MALGRÉ LEUR COMBINAISON.

En tout cas, la plupart du temps. Le bout des doigts des combinaisons est en silicone, ce qui permet aux astronautes de conserver des sensations de toucher plutôt que de se fier uniquement à leur vue pour se mouvoir dans leur tenue encombrante.

48 ENVIRON UN TIERS DE LA MASSE DE LA CEINTURE D'ASTÉROÏDES EST PRINCIPALEMENT CONSTITUÉE D'UN SEUL OBJET.

Désormais, Cérès est considérée comme une planète naine de près de 950 km de diamètre. À elle seule, elle représente près d'un tiers de la masse totale de la ceinture d'astéroïdes entre Mars et Jupiter.

49 VRAI OU FAUX ?
LE COÛT DE FABRICATION DES COMBINAISONS SPATIALES N'EST PAS SI ÉLEVÉ QU'ON LE PENSE. À L'EXCEPTION NOTABLE DE LA VISIÈRE CONTRE LES RADIATIONS COSMIQUES.

Faux, sur toute la ligne. La conception des combinaisons spatiales coûte des millions d'euros (entre 2 et 12 millions !)

50 VRAI OU FAUX ? MERCURE EST LA PLANÈTE LA PLUS CHAUDE DE NOTRE SYSTÈME SOLAIRE.

Faux. Bien que la plus proche du Soleil, ce n'est pas la plus chaude. La palme revient à Vénus, dont l'atmosphère capture la chaleur.

51 UNE QUEUE DE COMÈTE EST EN RÉALITÉ DE LA GLACE PASSANT À L'ÉTAT DE VAPEUR.

La queue des comètes pousse à l'approche du Soleil, via la sublimation des glaces de son noyau.

52 NEIL ARMSTRONG PRÉTEND AVOIR DIT : "C'EST UN PETIT PAS POUR UN HOMME", ET NON : "C'EST UN PETIT PAS POUR L'HOMME".

L'analyse des enregistrements lui donne raison. C'est donc une fausse citation que nous répétons depuis des années.

53 MARS EST ROUILLÉE.

La couleur de la planète rouge provient de sa terre oxydée.

54 VRAI OU FAUX ? QUAND LA MATIÈRE ET L'ANTIMATIÈRE SE RENCONTRENT, ELLES FUSIONNENT.

Faux. La rencontre entre matière et antimatière provoquerait au contraire une immense explosion.

55 VRAI OU FAUX ? CERTAINES LUNES DE NOTRE SYSTÈME SOLAIRE POSSÈDENT ELLES-MÊMES DES LUNES.

Faux. Bien que ce ne soit pas théoriquement exclu, la force de marée existant entre une planète et sa lune tendrait à écarter la possibilité de tout autre satellite.

56 VRAI OU FAUX ? ON PEUT ENCORE OBSERVER DES VESTIGES DU BIG BANG.

Vrai. Des chercheurs ont réussi à observer l'écho du Big Bang, les ondes cosmiques primordiales, produites il y a près de 14 milliards d'années !

57 URANUS A FAILLI S'APPELER GEORGE.

L'astronome qui a avancé qu'Uranus était une véritable planète était un sujet britannique. Il a voulu nommer sa découverte « *Georgium Sidus* », en hommage au roi Georges III. Le nom ne parvenant toutefois pas à s'imposer, il est définitivement abandonné en 1850, au profit d'Uranus.

58 LA MATIÈRE REPRÉSENTE MOINS DE 5 % DE LA MASSE ET DE L'ÉNERGIE DE L'UNIVERS OBSERVABLE.

Le reste n'est que matière noire et énergie noire… dont nous sommes bien loin d'avoir percé les secrets.

59 VRAI OU FAUX ? LES TACHES SOLAIRES SONT DES RÉGIONS BEAUCOUP, BEAUCOUP PLUS CHAUDES QUE LE RESTE DE LA SURFACE DU SOLEIL.

Faux. C'est d'ailleurs l'exact opposé, puisque les taches solaires sont environ 1 000 degrés moins chaudes que les zones voisines.

60 VRAI OU FAUX ? LES ANNEAUX DE SATURNE SONT PRESQUE AUSSI LARGES QUE LA LUNE.

Faux. Les anneaux de Saturne sont au contraire très fins et atteignent la valeur maximale d'un kilomètre, même aux endroits où ils sont les plus épais.

61 LES ASTRONAUTES SONT OBLIGÉS DE BOIRE LEUR PROPRE URINE.

C'est vrai, en partie. Les astronautes utilisent un système de recyclage de l'urine capable de transformer celle-ci en eau potable.

62 LORS DE SA PREMIÈRE EXPÉDITION DE SIX JOURS DANS L'ESPACE, LA NASA A DEMANDÉ À SALLY RIDE SI CENT TAMPONS SERAIENT SUFFISANTS.

Triste, mais vrai.

63 IMPOSSIBLE DE PLEURER DANS L'ESPACE !

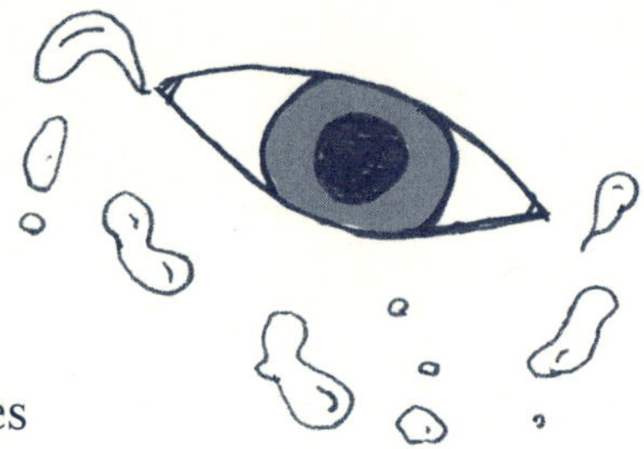

Vos conduits lacrymaux produisent encore des larmes, mais celles-ci ne peuvent pas tomber. En raison de l'absence de gravité, les larmes s'accumulent au niveau des globes oculaires et brouillent la vision.

64 VRAI OU FAUX ? LE SOLEIL N'ÉTANT PAS SOLIDE, LA TEMPÉRATURE DE SON NOYAU EST SENSIBLEMENT LA MÊME QU'À LA SURFACE.

Faux. À la surface du Soleil, vous pouvez dorer à une température de 5 500 °C.

ON ESTIME LA TEMPÉRATURE AU CŒUR DU SOLEIL À ENVIRON 15 MILLIONS DE DEGRÉS CELSIUS.

65 LE SAVIEZ-VOUS ? DES MILLIONS DE GALAXIES S'ÉLOIGNENT DE NOUS ET SE DIRIGENT VERS UN OBJET INCONNU QUI SE TROUVE AU-DELÀ DE L'UNIVERS OBSERVABLE.

Les scientifiques décrivent ce mouvement sous le terme de « courant noir », sans que l'on sache exactement ce qui en est à l'origine. Certains pensent que les galaxies se déplacent en direction d'une superstructure en dehors de l'Univers observable ; d'autres que ce phénomène serait un résidu du Big Bang.

66 LES ASTRONOMES ONT IDENTIFIÉ DES SYSTÈMES SOLAIRES COMPORTANT SEPT ÉTOILES.

Il n'est pas rare qu'un système solaire possède plusieurs étoiles. En revanche, les scientifiques n'ont relevé que deux systèmes à sept étoiles.

67 Les champs magnétiques des magnétars sont tellement puissants qu'ils suffiraient à dissoudre votre structure moléculaire tout entière.

Les magnétars sont des étoiles à neutrons d'un genre particulier… mais, pas de panique, la probabilité que vous en croisiez un reste très faible.

68 Vrai ou faux ? Bien que les planètes errantes existent en théorie, nous n'avons aucun moyen de les repérer.

Faux. À vrai dire, nous en avons déjà identifié une à laquelle nous avons donné le nom hautement original de CFBDSIR2149. Elle voyage à une centaine d'années-lumière de notre Système solaire.

69 LES SCIENTIFIQUES CROIENT À L'EXISTENCE DE "GALAXIES NOIRES" QUI NE CONTIENDRAIENT QUE PEU D'ÉTOILES, VOIRE PAS D'ÉTOILES DU TOUT.

Ces galaxies noires seraient presque exclusivement constituées de matière noire. Cependant, leur existence n'a pas été prouvée… jusqu'à ce jour.

70 PARMI LES OBJETS ENVOYÉS PAR LES HOMMES DANS L'ESPACE, ON TROUVE, ENTRE AUTRES, DES PHOTOS D'ORGANES GÉNITAUX, DU SPERME D'OURSIN, UNE PIZZA ET LES RESTES DE LA PERSONNE QUI A DÉCOUVERT PLUTON.

71 LES NOVAS EXISTENT. LES SUPERNOVAS AUSSI. SANS PARLER DES HYPERNOVAS.

De même que la supernova est une version amplifiée de la nova, l'hypernova est une super supernova qui libère encore plus de lumière et d'énergie.

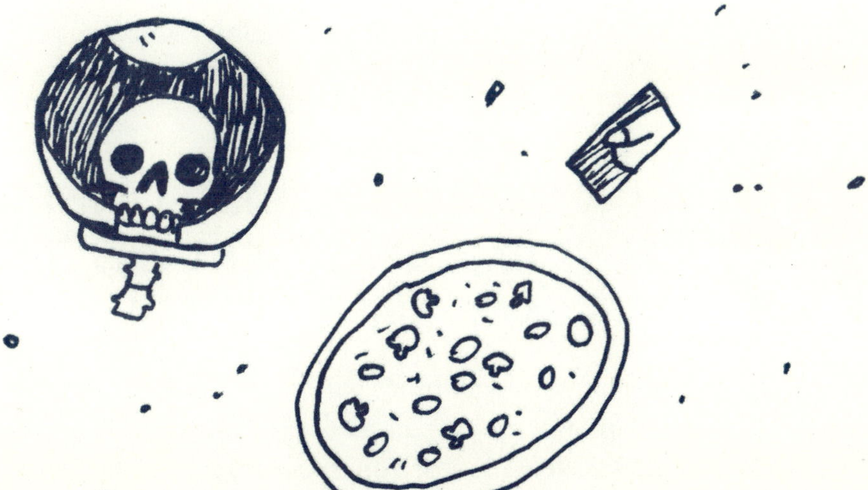

72 VRAI OU FAUX ? LES GALAXIES SONT RÉPARTIES DE MANIÈRE PLUS OU MOINS UNIFORME DANS L'UNIVERS.

Faux. En réalité, il existe des « filaments galactiques » qui comptent parmi les plus grandes structures de l'Univers et sont constitués de centaines de millions de galaxies ou d'amas de galaxies. Par ailleurs, on observe des vides, à l'image du vide du Bouvier, où l'on ne trouve presque aucune galaxie sur des centaines de millions d'années-lumière.

73 ON A DÉCOUVERT UNE PLANÈTE QUI SERAIT QUASIMENT AUSSI ANCIENNE QUE L'UNIVERS.

On estime que cette planète, surnommée parfois Mathusalem, se serait formée alors que l'Univers n'avait pas encore un milliard d'années. Un vrai choc pour les scientifiques, qui ne pensaient pas la formation des planètes possible à une période aussi précoce de l'histoire de l'Univers.

74 PENDANT UN TEMPS, LES ASTRONOMES ONT CRU QUE L'OBJET LE PLUS MASSIF DE L'UNIVERS ÉTAIT UN AMAS GALACTIQUE QU'ILS ONT APPELÉ « LE BLOB NOUVEAU ».

Allez comprendre où les scientifiques vont parfois chercher les noms !

75 VRAI OU FAUX ? LE SOLEIL A BEAU ÊTRE IMMENSE, LA QUASI-TOTALITÉ DE L'ÉNERGIE QU'IL DÉGAGE EST ABSORBÉE PAR LES PLANÈTES DU SYSTÈME SOLAIRE.

Faux. On estime que seuls deux milliardièmes de l'énergie émise par le Soleil atteint la Terre. Celle absorbée par les autres planètes ne pèse pas bien lourd non plus.

76 DINGUE ! JUPITER EST PLUS VOLUMINEUSE QUE L'ENSEMBLE DES AUTRES PLANÈTES RÉUNIES DU SYSTÈME SOLAIRE.

77 L'AXE DE ROTATION D'URANUS EST INCLINÉ.

Pour un motif inconnu (peut-être lié à une importante collision passée), l'axe de rotation d'Uranus est incliné à plus de 90 degrés de l'axe orbital. Ainsi, ce sont les pôles qui sont éclairés par le Soleil tandis que l'équateur est à la perpendiculaire. C'est la seule planète du Système solaire à présenter cette particularité.

78 QUI L'EÛT CRU ? L'ENDROIT LE PLUS FROID DE L'UNIVERS SE TROUVE SUR TERRE.

Des scientifiques ont réussi à recréer un environnement artificiel d'une température de 0,000000000001 °K (degré Kelvin), presque le zéro absolu (soit - 273,197 °C).

79 CERTAINES ÉTOILES SONT DES MILLIONS DE FOIS PLUS LUMINEUSES QUE NOTRE SOLEIL.

Les étoiles les plus lumineuses découvertes (à ce jour) brillent 8 à 10 millions de fois plus que le Soleil !

80 VRAI OU FAUX ? LA PREMIÈRE CRÉATURE VIVANTE À MOURIR DANS L'ESPACE ÉTAIT UN CHAT ENVOYÉ PAR LA NASA.

Faux. C'était un chien envoyé par l'Union soviétique. Il est mort car il n'y avait plus d'oxygène dans sa capsule.

81 CERTAINS SCIENTIFIQUES PRÉTENDENT QUE NOUS VIVONS DANS UN MULTIVERS.

L'idée selon laquelle notre Univers n'est pas le seul gagne en crédibilité au sein de la communauté scientifique.

82

VRAI OU FAUX ? QUAND DEUX GALAXIES ENTRENT EN COLLISION, LE CHAOS QUI EN RÉSULTE PROVOQUE LA DISPARITION DE L'UNE OU L'AUTRE, VOIRE DES DEUX.

Faux. Quand deux galaxies entrent en collision, elles finissent par former une seule galaxie, plus large. Cela prend des millions d'années.

83

VRAI OU FAUX ? DANS LES ANNÉES 1990, LES RUSSES ONT CRÉÉ LE PREMIER TROU DE VER ARTIFICIEL.

Faux. En réalité, les scientifiques doutent de l'existence du trou de ver, un raccourci à travers l'espace-temps. Pour l'heure, il ne s'agit que d'une théorie.

84 NOUS SOMMES TOUJOURS SOUMIS À L'ATTRACTION GRAVITATIONNELLE D'ÉTOILES QUI SE SONT ÉTEINTES IL Y A TRÈS LONGTEMPS.

Comme pour le Soleil, la gravité ne voyage pas aussi vite que la lumière. Nous sommes soumis aux forces d'attraction de tout ce qui constitue l'Univers observable, dont celles des supernovas, des étoiles déjà éteintes.

85 ON A OBSERVÉ UNE PLANÈTE CHEVELUE.

Cette exoplanète, appelée Gliese 436 b, a la particularité de laisser dans son sillage une queue cométaire d'environ quinze millions de kilomètres. Celle-ci correspond à une « fuite » d'hydrogène de sa masse gazeuse.

86 LA NOURRITURE N'A PAS LE MÊME GOÛT DANS L'ESPACE.

Vrai. De nombreux astronautes racontent que leurs préférences culinaires varient de manière drastique quand ils séjournent dans l'espace.

87 VRAI OU FAUX ? IMPOSSIBLE D'ALLUMER UNE BOUGIE EN APESANTEUR.

Faux. Non seulement vous pouvez l'allumer, mais la flamme sera ronde et bleue.

88 VRAI OU FAUX ? LA GRAVITÉ DE NOTRE GROUPE LOCAL DE GALAXIES EMPÊCHE LA VOIE LACTÉE D'ENTRER EN COLLISION AVEC D'AUTRES GALAXIES.

Faux. Dans quelques centaines de millions d'années, la Voie lactée devrait rejoindre la galaxie d'Andromède.

89 LES TOILETTES DES PREMIERS VOLS SPATIAUX HABITÉS ÉTAIENT TELLEMENT MAL CONÇUES QU'IL ARRIVAIT QUE LES EXCRÉMENTS FLOTTENT À L'INTÉRIEUR DE LA CAPSULE SPATIALE.

Si vous voulez en savoir plus, lisez la transcription de la mission *Apollo 10*. Ne nous remerciez pas.

90 RICHARD NIXON AVAIT PRÉPARÉ UN DISCOURS POUR LE CAS OÙ BUZZ ALDRIN ET NEIL ARMSTRONG MOURRAIENT EN MISSION.

Le secret-défense a été levé, et on trouve aujourd'hui ce discours sur Internet.

POP CULTURE : LE WALK OF FAME

Nous sommes fascinés par les stars, le cinéma et la télévision. Ils nous captivent, ils nous divertissent, ils nous enthousiasment. Ils sont tantôt formidables, tantôt désespérants, mais toujours passionnants. Et surtout complètement dingues !

On pourrait consacrer un bouquin entier à un seul aspect de la pop culture, mais nous nous concentrerons ici sur ses anecdotes les plus folles, les plus hallucinantes et les plus scandaleuses. Aucun doute, vous croirez à du bullshit ; mais on peut vous affirmer qu'elles sont authentiques. À 200 %.

1 MARK HAMILL A SU IN EXTREMIS QUE DARK VADOR ÉTAIT LE PÈRE DE LUKE.

Dans le scénario original, à la place de « Je suis ton père », on lisait la réplique « Obi-Wan a tué ton père ». George Lucas voulait éviter tout risque de fuites et obtenir une réaction spontanée de son acteur. La célèbre réplique a été ajoutée en postproduction.

2 AVANT ARNOLD SCHWARZENEGGER, ON A D'ABORD PROPOSÉ LE RÔLE DE TERMINATOR À O.J. SIMPSON.

Il n'a finalement pas été retenu : trop gentil pour le rôle… C'était avant qu'il soit poursuivi pour le meurtre de son ex-femme.

3 LE JEU ET LE FILM D'HORREUR *SILENT HILL* SONT INSPIRÉS D'UNE VRAIE VILLE.

Il s'agit de la ville fantôme de Centralia en Pennsylvanie. Située à proximité d'une mine de charbon désaffectée, elle a été abandonnée à la suite d'un feu de mine qui brûle depuis des décennies.

4 TOUT LE MONDE CONNAÎT LES EWOKS, LES MIGNONNES BÊTES POILUES DANS *STAR WARS*. POURTANT, LE MOT "EWOK" N'EST PAS PRONONCÉ UNE FOIS DANS *LE RETOUR DU JEDI*.

5 BIEN QU'IL JOUE SON PÈRE DANS *INDIANA JONES ET LA DERNIÈRE CROISADE*, SEAN CONNERY N'A QUE DOUZE ANS DE PLUS QUE HARRISON FORD.

6 LE NOMBRE DE BILLETS DE CINÉMA VENDUS LORS DE LA SORTIE D'AUTANT EN EMPORTE LE VENT A ÉTÉ SUPÉRIEUR AU NOMBRE DE NORD-AMÉRICAINS DE L'ÉPOQUE.

En 1939, l'Amérique compte un peu plus de 130 millions d'habitants. La saga sudiste fait en tout plus de 200 millions d'entrées dans le monde !

7 LE SAVIEZ-VOUS ? PLUSIEURS ACTEURS CÉLÈBRES ONT PASSÉ LE CASTING POUR DEVENIR HAN SOLO, DONT KURT RUSSELL ET SYLVESTER STALLONE.

8 DAVID PROWSE, L'ACTEUR QUI INTERPRÈTE DARK VADOR DANS LES PREMIERS *STAR WARS*, N'ÉTAIT PAS AU COURANT QUE SA VOIX NE SERAIT PAS GARDÉE.

George Lucas a écarté la voix originale de David Prowse en raison de son fort accent britannique. Il a confié le doublage des dialogues à l'acteur James Earl Jones, qui n'a même pas été crédité à la sortie du film !

9 SANGLANT… POUR LA SCÈNE CULTE DU GRAND MASSACRE AQUATIQUE DE *PIRANHA 3D*, QUI RÉUNIT PLUSIEURS MILLIERS DE FIGURANTS, PRÈS DE 300 000 LITRES DE FAUX SANG ONT ÉTÉ VERSÉS !

10 LE COMPOSITEUR JOHN CAGE A CRÉÉ UN MORCEAU INTITULÉ AS SLOW AS POSSIBLE (“AUSSI LENTEMENT QUE POSSIBLE”) DONT L’EXÉCUTION DEVRAIT DURER 639 ANS.

Elle a débuté en 2001 dans la ville de Halberstadt en Allemagne et est interprétée par un orgue conçu spécialement pour l’occasion. L’expérience devrait s’achever en... 2640.

11 LE NOM D’ALICE COOPER LUI AURAIT ÉTÉ SOUFFLÉ AU COURS D’UNE SÉANCE DE SPIRITISME : IL AURAIT DIALOGUÉ AVEC UN ESPRIT RÉPONDANT À CE NOM.

La légende a été démentie à plusieurs reprises par l’intéressé, mais laissez-nous y croire si on en a envie !

12 MARTIN SHEEN UTILISE UN PSEUDO : SON VRAI NOM EST RAMÓN ANTONIO GERARDO ESTÉVEZ.

Martin Sheen a quatre enfants, tous acteurs. Son fils Carlos a choisi de garder le pseudo de son père en se faisant appeler Charlie Sheen.

13 CHARLIE CHAPLIN A PARTICIPÉ À UN CONCOURS DE SOSIES DE CHARLOT… QU'IL A PERDU.

Difficile d'être certain à 100 % de la véracité de cette anecdote ; il n'existe aucune archive officielle des concours de sosies de Charlot, mais la très officielle association Chaplin elle-même n'exclut pas qu'elle soit vraie.

14

RINTINTIN, LE BERGER ALLEMAND HÉROS DE FILMS HOLLYWOODIENS, AURAIT REÇU LA MAJORITÉ DES VOTES EN 1929 DANS LA CATÉGORIE MEILLEUR ACTEUR.

Pour ne pas discréditer le concours, on aurait finalement remis le prix à un acteur humain. Info ou intox ? Une chose est sûre, Rintintin a son étoile sur le Walk of Fame de Hollywood, à côté de Lassie…

15

MARY-KATE ET ASHLEY OLSEN ONT BEAU SE RESSEMBLER COMME DEUX GOUTTES D'EAU, LES JUMELLES STARS DE LA FÊTE À LA MAISON SONT DE "FAUSSES" JUMELLES.

16 LES BEATLES SE SONT SÉPARÉS À DISNEY WORLD.

En tout cas, John Lennon a signé les documents qui officialisaient la rupture dans un hôtel du parc d'attractions où il séjournait.

17 ASTÉRIX, C-3PO, WINNIE L'OURSON ET HERCULE POIROT ONT LA MÊME VOIX.

Ils ont en effet tous été doublés en français par l'acteur Roger Carel.

18 ABCDEFG… LE SAVIEZ-VOUS ? LA CHANSON DE L'ALPHABET REPOSE SUR LA MÉLODIE DE AH ! VOUS DIRAI-JE, MAMAN.

19 FRANK SINATRA A JOUÉ DANS UN PRÉQUEL DE PIÈGE DE CRISTAL.

Il s'agit du film *Le Détective*, adapté d'un roman de Roderick Thorp. La rumeur veut que le rôle de Bruce Willis ait d'abord été proposé à Sinatra en raison de son rôle dans le précédent film. Mais le crooner, alors âgé de 73 ans, aurait décliné. De même que Clint Eastwood. Bruce Willis, encore inconnu, était le dernier choix. *Yippee-kai-yay, motherfucker !*

20 WOODY DE TOY STORY A UN NOM DE FAMILLE.

C'est ce qu'a révélé le réalisateur du film en 2009. Il s'appelle Woody Pride.

21 LA PETITE AMIE DE BUZZ, LE FRÈRE DE KEVIN DANS *MAMAN, J'AI RATÉ L'AVION !*, EST EN FAIT UN GARÇON.

Vous vous souvenez quand Kevin prend un air dégoûté devant la photo de la copine de son frère ? Pensant que mettre le portrait d'une fille existante serait une blague de mauvais goût, le réalisateur Chris Columbus a demandé au fils du directeur de la photographie de poser…

22 LES EFFETS SPÉCIAUX UTILISÉS POUR SIMULER LE LANCEMENT DE MISSILES DANS *TOP GUN* ÉTAIENT TELLEMENT RÉALISTES QUE LA NAVY A LANCÉ UNE ENQUÊTE POUR SAVOIR SI DE VRAIS MISSILES N'AVAIENT PAS ÉTÉ UTILISÉS.

La marine américaine avait bien autorisé le lancement de deux missiles pour l'occasion, mais la reconstitution était tellement bluffante que les spécialistes ont cru que d'autres avaient été envoyés.

23 LE SAVIEZ-VOUS ? LE RÔLE CULTE DE TOM HANKS DANS *FORREST GUMP* A D'ABORD ÉTÉ PROPOSÉ À JOHN TRAVOLTA…

… qui a décliné, préférant jouer dans *Pulp Fiction*.

24 EH NON ! CE N'EST PAS LEO QUI DESSINE DANS LA CÉLÈBRE SCÈNE DE NU DE TITANIC.

Mais le dessin est l'œuvre du réalisateur, James Cameron *himself*. Pas mal non plus, non ?

25 QUEL EST LE RAPPORT ENTRE *STAR TREK* ET LE FILM D'HORREUR *HALLOWEEN* ?

Le masque du célèbre tueur, Michael Myers, est un masque du capitaine Kirk, peint en blanc.

26 LE CHIEN DE SYLVESTER STALLONE DANS *ROCKY* ÉTAIT SON CHIEN À LA VILLE.

Butkus a même été son compagnon de galère avant que l'acteur rencontre le succès.

27 Et la palme du meilleur méchant revient à… Christopher Lee.

L'acteur britannique a incarné les méchants des plus grandes sagas de Hollywood : *Le Seigneur des anneaux*, *James Bond*, *Star Wars* ou encore *Dracula*… Pourtant, tout le monde s'accorde à dire de lui qu'il était très sympa !

28 Le tournage d'*Un jour sans fin* n'a pas été sans danger…

Bill Murray a été mordu à deux reprises par la marmotte star du film.

29 Dans *Mad Max 2*, le dialogue de Mel Gibson tient en… 16 lignes.

30 DANS UNE DES PREMIÈRES VERSIONS DU SCÉNARIO DE L'EMPIRE CONTRE-ATTAQUE, YODA S'APPELLE BUFFY.

C'est même son surnom, puisque son nom complet devait être Bunden Debannen. « Yoda » a finalement été retenu mais, contrairement à ce qu'on croit, c'est son nom de famille. Son petit nom, c'est Minch.

31 DANS LES FILMS EN NOIR ET BLANC, ON UTILISAIT DU CHOCOLAT FONDU POUR IMITER LE SANG.

Le faux sang n'étant jamais assez foncé et visqueux à l'image, les réalisateurs devaient faire preuve d'imagination. Le sang dans la scène de la douche de *Psychose* ? De la sauce au chocolat…

32 LES CHANSONS DE LED ZEPPELIN CONTIENNENT DE NOMBREUSES RÉFÉRENCES AU *SEIGNEUR DES ANNEAUX*.

C'est le cas de *Ramble On*, *The Battle of Evermore* et *Misty Mountain Hop* qui contiennent des allusions explicites à la saga de Tolkien. Certains voient dans d'autres titres de subtiles références.

33 PAUL MCCARTNEY SERAIT MORT EN 1966 DANS UN ACCIDENT DE MOBYLETTE ET AURAIT ÉTÉ REMPLACÉ DEPUIS PAR UN SOSIE.

La preuve ? Sur la célèbre pochette d'*Abbey Road*, sorti en 1969, il tient sa cigarette de la main droite (alors qu'il est gaucher). Cette vraie fausse rumeur a couru à la fin des années 1960…

34 APRÈS SA CARRIÈRE DE ROCK STAR MONDIALE, RINGO STARR A PRÊTÉ SA VOIX À *THOMAS ET SES AMIS*.

35 JAMES BOND EST CHAUVE.

Du moins Sean Connery incarnant 007 portait une perruque. Eh oui ! Comme le savent ceux qui ont vu l'acteur dans ses rôles ultérieurs, Sir Connery était chauve. Ce qui n'a jamais rien enlevé à son sex-appeal…

36 LE CRÉATEUR DE *STAR TREK* VOULAIT QUE PATRICK STEWART PORTE UNE PERRUQUE (ENCORE UNE !) POUR INTERPRÉTER LE CAPITAINE JEAN-LUC PICARD.

À la question d'un journaliste lui faisant remarquer qu'on aurait peut-être trouvé comment lutter contre la calvitie au XXIVe siècle, Gene Roddenberry aurait répondu : « Non, au XXIVe siècle, personne n'en aura plus rien à faire. »

37 ELVIS N'A ÉCRIT AUCUN DE SES PLUS GRANDS SUCCÈS.

INSOLITE :
UNE PHOTOGRAPHE A REPÉRÉ UNE PUNAISE SOSIE DU KING.

Pourtant il était crédité à chaque fois. Une pratique très courante à l'époque…

38 Connaissez-vous le cri Wilhelm ?

C'est une sorte de blague parmi les réalisateurs. Issu du film *Les Aventures du capitaine Wyatt*, ce bruitage d'un homme hurlant de douleur a été repris des centaines de fois depuis, dans divers films et séries télé, dont *Star Wars*, *Star Trek*, *Toy Story* et *L'Arme fatale*.

39 Et la palme du plus gros bide du box office mondial revient à… 47 Ronin.

Les pertes de cette production fantastique avec Keanu Reeves sont estimées à plus de 150 millions de dollars. L'histoire ne dit pas si le film est bien ou pas…

40 SEAN CONNERY A REFUSÉ DE JOUER GANDALF DANS LE SEIGNEUR DES ANNEAUX.

La production était pourtant prête à lui dérouler le tapis rouge jusqu'en Nouvelle-Zélande. Mais, comme l'expliquera l'acteur plus tard, il n'accrochait pas avec l'univers. Dire qu'à la place il a accepté de jouer dans *La Ligue des gentlemen extraordinaires* (qui a fait un sacré flop) !

41 TOTO, LE CHIEN DANS LE MAGICIEN D'OZ, PERCEVAIT UN VRAI SALAIRE...

... de 125 dollars par semaine. Supérieur à celui des nains qui jouaient dans le film !

42 LA SCÈNE CULTE DES AVENTURIERS DE L'ARCHE PERDUE, OÙ INDY ESQUIVE D'UN COUP DE REVOLVER UN COMBAT AU SABRE, N'ÉTAIT PAS PRÉVUE AU SCÉNARIO.

Harrison Ford, malade, voulait écourter la scène… Spielberg a dit oui.

43 LES DOUBLEURS FRANÇAIS DE MARGE ET HOMER SIMPSON SONT UN COUPLE À L'ÉCRAN…

… mais aussi à la ville.

44 AVANT DE CONNAÎTRE UN SUCCÈS INTERNATIONAL EN TANT QUE JOEY DANS FRIENDS, MATT LEBLANC A JOUÉ DANS UNE SÉRIE TV ÉROTIQUE.

Elle a été diffusée sur M6 sous le nom de *Fantasmes*.

45 L'AUTORITÉ AMÉRICAINE DE CLASSIFICATION DES FILMS A FAILLI REFUSER L'AUTORISATION AU TITRE ANGLAIS DU FILM *MON BEAU-PÈRE ET MOI*.

Le titre original *Meet the Fockers* (littéralement « Rencontre avec les Focker ») joue en effet sur la prononciation quasi identique entre le nom Fockers et l'insulte *fuckers*. La production a dû prouver qu'il existait des personnes portant ce nom de famille pour avoir l'aval de l'autorité de censure !

46 LES CICATRICES AU VISAGE DE LUKE SKYWALKER, INFLIGÉES PAR LE MONSTRE DES NEIGES DANS *L'EMPIRE CONTRE-ATTAQUE*, SONT RÉELLES.

L'acteur Mark Hamill a été victime d'un sérieux accident de la route en plein milieu du tournage et a été blessé au visage. Plutôt que de retarder la sortie du film, George Lucas a adapté le scénario et introduit cette scène avec le wampa.

47 VRAI OU FAUX ? DANS *FORREST GUMP*, SALLY FIELD, QUI JOUE LA MÈRE DE TOM HANKS, ÉTAIT PLUS JEUNE QUE L'ACTEUR.

Faux. Mais elle n'avait que dix ans de plus que lui.

48 LE SAVIEZ-VOUS ? LE DEUXIÈME PAYS PRODUCTEUR DE FILMS AU MONDE EST LE NIGERIA.

On surnomme même cette industrie Nollywood. Sa production se situe derrière celle de Bollywood et devant celle de Hollywood.

49 CASINO ROYALE, SORTI EN 2006, A ÉTÉ LE PREMIER JAMES BOND AUTORISÉ EN CHINE SANS AUCUNE COUPURE DE LA CENSURE.

50 LE BAISER INTERRACIAL LE PLUS CONTROVERSÉ DE L'HISTOIRE DE LA TÉLÉVISION A EU LIEU DANS *STAR TREK*.

C'est le baiser que se donnent le capitaine Kirk et le lieutenant Uhura. En 1968, la chaîne NBC redoutait pourtant encore les réactions de certains spectateurs. Les deux acteurs ont fait en sorte de saboter toutes les autres prises sans baiser pour obliger la chaîne à le diffuser.

51 VRAI OU FAUX ? LE PREMIER SPOT PUBLICITAIRE DIFFUSÉ À LA TÉLÉVISION EN FRANCE ÉTAIT POUR UNE VOITURE.

Faux. Cette publicité, diffusée en 1968 pour la première fois, vantait les mérites d'un célèbre fromage à l'ail et aux fines herbes… et le nom du produit était répété dix-sept fois en tout. On n'est pas le pays aux 400 fromages pour rien…

52 L'INTERPRÈTE DE JÉSUS DANS *LA PASSION DU CHRIST* DE MEL GIBSON AFFIRME AVOIR ÉTÉ TOUCHÉ PAR LA FOUDRE PENDANT LE TOURNAGE.

Jim Caviezel a dû subir de nombreux sévices pour ce rôle, mais celui-là bat tous les records…

53 NON ! LA CÉLÈBRE CHANSON DE GAINSBOURG *69, ANNÉE ÉROTIQUE* N'EST PAS UNE RÉFÉRENCE HISTORIQUE.

C'est plutôt une ode à une célèbre position du *Kamasutra*. D'ailleurs, l'artiste l'a écrite en 1968.

54 VRAI OU FAUX ? LES ROLLING STONES JOUENT DANS RETOUR VERS LE FUTUR 3.

Faux. En revanche, on y voit les barbus de ZZ Top…

55 IL N'Y A QU'EN FRANCE QUE LE FILM *MAD MAX* SOIT SORTI EN VERSION CENSURÉE.

Le film était trop violent aux yeux de l'administration française qui a interdit le film aux moins de 18 ans et coupé en tout six minutes du film. Aujourd'hui, *Mad Max* n'est plus interdit qu'aux moins de 12 ans.

56 SIMON & GARFUNKEL... ET MRS ROOSEVELT ?!

Mike Nichols, qui cherchait une composition pour son film *Le Lauréat*, entendit un jour Paul Simon fredonner ce début de chanson écrite en hommage à Mrs Roosevelt, femme du 32e président des États-Unis. Le réalisateur, conquis, proposa de changer le nom : *And here's to you, Mrs Robinson*.

57 VRAI OU FAUX ? SI VOUS L'ÉCOUTEZ À L'ENVERS, LA CHANSON *STAIRWAY TO HEAVEN* DE LED ZEPPELIN CONTIENT UN MESSAGE SATANIQUE.

Faux. Sauf si vous êtes sataniste.

58 DANS LE PREMIER ÉPISODE DE *STAR WARS*, DARK VADOR N'APPARAÎT PAS PLUS DE DOUZE MINUTES À L'ÉCRAN.

Ce qui ne l'empêche pas de s'imposer comme l'un des plus grands méchants de l'histoire du cinéma.

59 VRAI OU FAUX ? LA MOQUETTE DE LA MAISON DE SID, LE VOISIN SOCIOPATHE D'ANDY DANS *TOY STORY*, EST LA MÊME QUE CELLE DE NORMAN BATES DANS *PSYCHOSE*.

Faux, mais pas loin. C'est la même que celle de l'hôtel dans *Shining*.

60 Et la palme du plus ancien jeu télévisé quotidien français revient à… Des chiffres et des lettres.

Bientôt 60 ans !

61 Nicolas Cage tire son pseudonyme du héros Marvel Luke Cage.

Nicolas Coppola a choisi ce pseudonyme en hommage au héros dont il a toujours été fan.

62 La plus grosse somme jamais remportée en France au loto est de 30 millions d'euros.

Mais ce n'est rien à côté des 230 millions remportés à l'EuroMillions.

63

VRAI OU FAUX ? NOTRE PLANÈTE EXISTE DANS LES MARVEL ET S'APPELLE LEE PREMIÈRE, D'APRÈS LE CRÉATEUR DES MARVEL, STAN LEE.

Faux. Notre Terre existe bien, mais elle s'appelle Terre-1218.

64

DANS LES DC COMICS, ON TROUVE UN PERSONNAGE QUI A LE POUVOIR ABSURDE DE S'ARRACHER LES BRAS.

Splitter, parfois appelé Arm-Fall-Off-Boy (« le garçon qui perd ses bras »), peut même utiliser ses bras comme arme contre ses ennemis. Sans surprise, on ne le croise pas très souvent dans les comics.

65 VRAI OU FAUX ? LA VILLE IMAGINAIRE DE METROPOLIS (OÙ VIT SUPERMAN) SE SITUE À L'EMPLACEMENT DE NEW YORK.

Faux. Même si les deux villes se ressemblent, Metropolis est située dans l'État du Delaware.

66 SPIELBERG A PRÉSENTÉ *LA LISTE DE SCHINDLER* COMME PROJET DE FIN D'ÉTUDES.

En 2002, Spielberg est retourné à ses études de cinéma qu'il n'avait pas pu terminer à cause de quelques films qu'il devait réaliser… et a choisi de consacrer son projet de fin d'études à son chef-d'œuvre en noir et blanc.

67 VRAI OU FAUX ? OPRAH WINFREY S'APPELLE EN RÉALITÉ SUSANNAH GAIL WINFREY.

Pas du tout. Mais Oprah n'est pas non plus le prénom qu'elle portait à la naissance. Elle s'appelait Orpah, d'après une figure biblique. Mais les gens, peu habitués à ce nom, le prononçaient toujours Oprah. Elle a fini par laisser tomber…

68 À LA BAGARRE, SPOCK BAT WOLVERINE.

La preuve : dans un crossover *Star Trek/X-Men*, Spock a tranquillement terrassé Wolverine, grâce à sa fameuse prise.

69 LES SCÉNARISTES DE *LOST* AVAIENT PRÉVU DE FAIRE MOURIR LE PERSONNAGE DE MATTHEW FOX DÈS LE PREMIER ÉPISODE.

Heureusement, les créateurs de la série ont suffisamment apprécié l'acteur pour décider de faire de Jack le personnage principal de la série.

70 LILY ALLEN A ÉCRIT UNE CHANSON POUR L'ACTEUR QUI INTERPRÈTE THEON GREYJOY DANS GAME OF THRONES.

La chanson s'appelle *Alfie*. Et pour cause : Theon Greyjoy est interprété par Alfie Allen, le petit frère de Lily.

71 VRAI OU FAUX ? KEANU REEVES A REFUSÉ DE JOUER DANS WILD WILD WEST POUR JOUER DANS MATRIX.

C'est plutôt l'inverse. Will Smith a refusé de jouer dans *Matrix* pour rejoindre le casting du western. Ça n'a pas forcément été sa meilleure décision…

72 LE CHANTEUR DE COLDPLAY, CHRIS MARTIN, FAIT DEUX APPARITIONS DANS LE FILM PARODIQUE DE ZOMBIES *SHAUN OF THE DEAD*.

Une première fois en tant que lui-même, une seconde en tant que zombie.

73 PLUS D'UNE DIZAINE DE PERSONNES ONT MANIÉ LE MARTEAU DE THOR.

Évidemment, on associe invariablement Thor à son marteau. Mais dans la liste des heureux élus à avoir eu le droit de manipuler Mjöllnir (c'est le nom du marteau) on trouve Odin, Hulk, Zeus, le Surfeur d'Argent ou encore Captain America…

74 VRAI OU FAUX ? LES DÉCORS DU TOURNAGE DE LA FAMILLE ADDAMS ÉTAIENT ENTIÈREMENT NOIR ET BLANC POUR METTRE LES ACTEURS DANS L'AMBIANCE.

Faux. De façon surprenante, le décor était… rose.

75 CONNAISSEZ-VOUS L'ORIGINE DU MÈME DE BATMAN GIFLANT ROBIN ?

Cette image existe bien dans le comics *World's Finest* de 1965, où Batman cherche à se venger de Superman qui a tué son père. Robin essaie de l'en dissuader. Grand mal lui en prend…

76 LA CÉLÈBRE MUSIQUE DE X-FILES A ÉTÉ CRÉÉE PAR ACCIDENT.

Un des producteurs a appuyé par erreur sur un bouton de réverbe. L'effet a tellement plu qu'on a décidé de le garder.

77 PHOEBE PORTAIT UNE PERRUQUE (ÇA FAISAIT LONGTEMPS !) PENDANT LES SAISONS 6 ET 9 DE FRIENDS.

Lisa Kudrow arborait en effet une autre coupe que celle de Phoebe, en raison de tournages concomitants.

78 VRAI OU FAUX ? C'EST UN STAGIAIRE FAN DE SCIENCE-FICTION QUI A EU L'IDÉE DU TÉLÉPORTEUR DANS *STAR TREK*.

Faux. La réalité est bien plus prosaïque : le téléporteur a été inventé pour faire l'économie de plans sur le décollage et l'atterrissage de l'*Enterprise*.

79 LE SAVIEZ-VOUS ? DANS LA VERSION DE *E.T.* RESSORTIE EN 2002, STEVEN SPIELBERG A RENONCÉ AUX ARMES.

Les hommes qui poursuivent E.T. à la fin du film sont désormais munis de talkies-walkies.

80 Une série américaine a permis de disculper un homme soupçonné de meurtre.

Et pour cause, cet homme apparaissait dans un épisode de la série *Larry et son nombril*. Il a pu ainsi prouver son alibi et être libéré de prison.

81 Vrai ou faux ? Les acteurs de Breaking Bad utilisaient de vraies drogues sur le tournage pour se mettre dans l'ambiance.

Faux, évidemment. À la place de la fameuse méthamphétamine, on utilisait du sucre cristallisé ou du sucre d'orge. Et interdiction aux acteurs d'inhaler la fumée !

82 LE PREMIER RÔLE DE BRAD PITT A ÉTÉ CELUI… D'UN POULET GÉANT.

Yep. Au tout début de sa carrière, l'acteur arpentait Sunset Boulevard dans un costume de poulet pour le compte de la chaîne de restauration El Pollo Loco (« le poulet fou »).

83 DARK VADOR AURAIT PU JOUER DANS *STAR TREK*.

Du moins James Earl Jones, l'acteur qui a prêté sa voix au méchant de *Star Wars*. On lui avait proposé un rôle dans la série *Star Trek : Deep Space Nine*, mais celui-ci a finalement été attribué à Avery Brooks.

84 IL EXISTE DEUX FINS À RAMBO.

Dans la première, le héros se suicide. Ce scénario n'était pas du goût du public test, qui a préféré la version où il triomphe. Ce qui n'a pas été pour déplaire aux studios : ils ont pu tourner une suite !

85 SARAH JESSICA PARKER EST LA DESCENDANTE D'UNE DES ACCUSÉES AU PROCÈS DES SORCIÈRES DE SALEM.

Selon les généalogistes, son ancêtre aurait été jugée pour sorcellerie à la fin du XVIIe siècle.

86 J.K. ROWLING A ESSUYÉ UNE DIZAINE DE REFUS D'ÉDITEURS POUR *HARRY POTTER* AVANT D'ÊTRE PUBLIÉE.

On en connaît qui doivent encore s'en mordre les doigts.

87 VOUS VOUS RAPPELEZ LA SÉRIE *PAPA BRICOLE* ? SON ACTEUR PRINCIPAL AURAIT PU NE JAMAIS JOUER DEDANS…

En 1978, il avait été arrêté pour possession de drogue. Il a négocié une réduction de peine en balançant ses dealers.

88 L'ACTEUR STEVE BUSCEMI A SERVI CHEZ LES POMPIERS DE NEW YORK AU LENDEMAIN DES ATTENTATS DU WORLD TRADE CENTER.

Dès le 12 septembre, il a renfilé son uniforme de pompier pour extraire les victimes des gravats. Il exerçait ce métier à New York avant de devenir acteur.

89 LE SAVIEZ-VOUS ? LE PÈRE DE WOODY HARRELSON A ÉTÉ EMPRISONNÉ À VIE.

Tueur à gages, Charles Harrelson avait assassiné un juge fédéral. Il a même prétendu avoir participé au complot d'assassinat contre JFK, aux côtés de Lee Harvey Oswald (mais c'est une déclaration assez farfelue).

90 SAMUEL L. JACKSON A PRIS EN OTAGE MARTIN LUTHER KING SR.

Avant de devenir acteur, Jackson était un militant des droits civiques aux États-Unis. Il a organisé une prise d'otages dans son université de Morehouse, et parmi eux se trouvait le père de Martin Luther King.

LE SPORT : CHAMPION DU MONDE DES RECORDS

Les sportifs sont époustouflants. Capables de prodiges mêlant force et agilité dont vous et moi rêverions d'être dotés. Tous ont en commun leurs immenses sacrifices pour devenir les plus performants – et cela se voit ! Qu'il s'agisse de Michael Jordan ou de Serena Williams, qui détient le record de victoires sur les tournois du Grand Chelem au tennis, les sportives et les sportifs sont aussi impressionnants que stupéfiants.

Pourtant, ils ont beau accumuler les records et les prouesses, nous devenons parfois insensibles à leurs exploits. Un match de tennis de plus de onze heures ? Pas mal. Une traversée à la nage de 236 km ? Bien joué !

Stop à l'indifférence. Dans ce chapitre, vous trouverez les anecdotes les plus ébouriffantes de l'histoire du sport. Et, si vous pensiez être blasé par les performances sportives incroyables, préparez-vous à être décoiffé.

1 LE PLUS GRAND PALMARÈS DU TENNIS DE TOUS LES TEMPS EST DÉTENU PAR SERENA WILLIAMS.

N'en déplaise à Federer, Nadal et Djokovic... Serena Williams a remporté 39 titres du Grand Chelem, dont 23 en simple, ainsi que 4 médailles olympiques. Elle est aussi l'athlète la mieux payée de tous les temps (mais tout de même moins que les hommes...).

2 À SA RETRAITE DU BASKET, MICHAEL JORDAN A TENTÉ DE PERCER DANS LE BASE-BALL.

Sans grand succès. Il intègre une ligue mineure en 1994, espérant rejoindre la Ligue majeure américaine, mais il jette l'éponge au bout d'un an. Ne devient pas champion qui veut. Même quand on s'appelle Jordan.

3 LE SAVIEZ-VOUS ? LA PEINTURE A ÉTÉ UNE DISCIPLINE OLYMPIQUE MODERNE.

Au même titre d'ailleurs que la sculpture, la musique, la littérature et l'architecture. Cette discipline a été introduite par le baron Pierre de Coubertin en 1906, qui qualifiait les épreuves artistiques de « pentathlon des muses ». Elles disparaissent seulement lors des jeux de Helsinki en 1952.

4 LE PLUS GRAND BASKETTEUR PROFESSIONNEL DU MONDE MESURE 2,34 M.

Il s'appelle Bob Wagner et a fait enregistrer son record au *Guinness des records*.

5 UN JOUEUR DE TENNIS FRANÇAIS A REMPORTÉ QUATRE COUPES DAVIS SANS JOUER UN SEUL MATCH.

Surnommé le « cinquième mousquetaire », Christian Boussus a son nom gravé sur la célèbre coupe d'argent. Aucun des quatre joueurs titulaires n'a jamais fait défaut, il est donc resté sur le banc des remplaçants quatre ans d'affilée.

6 LES JEUX OLYMPIQUES ONT EU LIEU DANS DES PAYS QUI N'EXISTENT PAS.

Plus exactement, certaines éditions se sont déroulées dans des pays qui n'existent plus : la République fédérale d'Allemagne, la Yougoslavie et l'URSS.

7 UN ANCIEN VAINQUEUR DU TOUR DE FRANCE A ÉTÉ SAUVÉ PAR SON MAILLOT JAUNE.

Pendant la Seconde Guerre mondiale, André Leducq est arrêté par les Allemands pour avoir distribué des tracts de la Résistance ; l'officier SS qui l'interroge reconnaît l'ancien champion et le libère.

8 UNE FAMILLE ITALIENNE EST CHAMPIONNE DE SABRE DE PÈRE EN FILS.

Dans la famille Montano, je demande : le fils, Aldo, le père, Mario, et le grand-père, Aldo. Tous les trois ont remporté une médaille d'or olympique au sabre. Grosse pression pour la prochaine génération…

9 EN 2019, UNE FEMME DEVIENT POUR LA PREMIÈRE FOIS CHAMPIONNE DU MONDE DANS UNE COMPÉTITION MIXTE.

Fallon Sherrock est entrée dans l'histoire mondiale du sport en s'imposant face à un homme en finale du championnat du monde… de fléchettes.

10 LE RECORD DE L'HEURE DE CYCLISME SUR PISTE EST DE 56,792 KM.

Son détenteur, Filippo Ganna, a roulé à une moyenne de 56,792 km/h.

11

DIDIER DESCHAMPS FAIT PARTIE DES TROIS SEULES PERSONNES AU MONDE À AVOIR GAGNÉ UNE COUPE DU MONDE DE FOOT EN TANT QUE JOUEUR ET EN TANT QUE SÉLECTIONNEUR.

12

IL EXISTE DES CHAMPIONNATS DU MONDE DE PIERRE-FEUILLE-CISEAUX.

Ils sont organisés par une association mondiale et comptent des ligues américaine, canadienne et européenne. On peut même devenir joueur professionnel sur simple inscription en ligne.

13 INSOLITE : EN ÉCOSSE, ON PRATIQUE LE LANCER DE TRONC D'ARBRE.

Le but n'est pas de lancer le tronc le plus loin possible mais de faire en sorte qu'il atterrisse perpendiculairement au sol en lui faisant effectuer une rotation sur lui-même. Des compétitions ont lieu en France. Avis aux amateurs…

14 EN 2021, LE RECORD DU MONDE DE MANGEUR DE HOT-DOGS EST PASSÉ SOUS LA BARRE DES HUIT SECONDES.

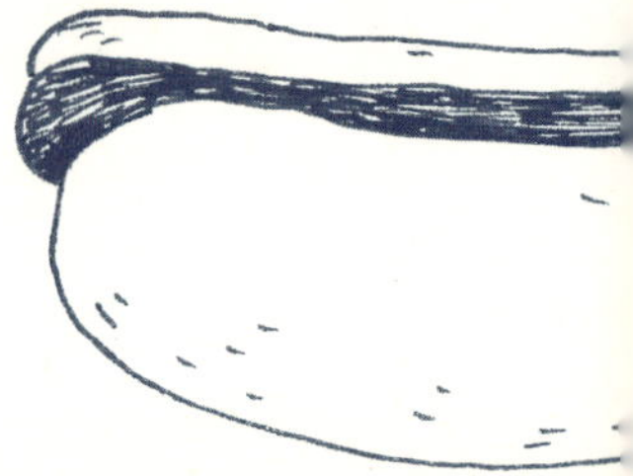

C'est le temps qu'il a fallu en moyenne à Joey Chestnut pour avaler chacun des 76 hot-dogs, soit dix minutes au total. En 2023, il se consacre désormais à sa carrière de mangeur de burritos (record de 14,5 burritos en dix minutes).

15 MENS SANA IN CORPORE SANO : CONNAISSEZ-VOUS LE CHESSBOXING ?

Comme son nom anglais l'indique, ce sport alterne six rounds d'échecs avec cinq rounds de boxe. Il a été inventé dans une BD d'Enki Bilal, mais les compétitions sont bien réelles.

16 IL EST POSSIBLE D'ÊTRE ADDICT AU SPORT.

Les personnes atteintes de bigorexie sont accros à l'activité physique et ne pensent plus qu'à leurs performances, ce qui conduit souvent à un état d'épuisement et d'isolement, voire à des blessures. Le sport, à consommer avec modération…

17 VOUS QUI PENSIEZ QUE LE WOK ÉTAIT UN USTENSILE DE CUISINE ASIATIQUE, APPRENEZ QUE ÇA PEUT AUSSI SERVIR DE LUGE.

Et avec un peu d'entraînement vous pourrez peut-être participer aux championnats du monde de wok, durant lesquels les athlètes dévalent des pistes de bobsleigh sur des woks customisés pour l'occasion.

18 CONNAISSEZ-VOUS JOE ALEXANDER ?

Non ? Pourtant, l'Allemand détient ce fascinant record : il a cassé 24 blocs de béton du coude sans casser l'œuf qu'il tenait dans la main du même bras. Si, si.

19 UN FRANÇAIS A BATTU LE RECORD DE LA PLUS LONGUE TRAVERSÉE EN MER À LA NAGE.

En 2016, le sportif de haut niveau Lilian Eymeric a relié l'île Maurice à la Réunion. Il a nagé 236 km, cinquante heures d'affilée, enfermé dans une cage anti-requins.

20 2 200 M : C'EST LE RECORD DU PLUS LONG PARCOURS DE FUNAMBULISME DU MONDE.

Il est détenu par le Français Nathan Paulin, qui a choisi le décor du Mont-Saint-Michel pour marcher sur une *slackline* qui reliait une grue à l'abbaye.

21 LE RECORD DU PLUS LONG TIR AU PIED GAGNANT DE LA LIGUE DE FOOTBALL AMÉRICAIN A ÉTÉ DÉTENU PENDANT QUARANTE-TROIS ANS PAR UN HOMME... SANS ORTEILS.

Privé d'orteils au pied droit et de doigts à la main droite, Tom Dempsey a malgré tout mené une belle carrière sportive.

22 UN FRANÇAIS AMPUTÉ DES QUATRE MEMBRES A TRAVERSÉ LA MANCHE À LA NAGE.

Équipé de palmes conçues spécialement pour lui, Philippe Croizon a rejoint en 2011 le cap Gris-Nez en France depuis Folkestone en Angleterre. Il était suivi par trois dauphins.

23

6 À 7 MILLIONS D'EUROS : C'EST LE PRIX À DÉBOURSER POUR DIFFUSER TRENTE SECONDES DE PUB LORS DU SUPER BOWL, LA FINALE ANNUELLE DE LA LIGUE DE FOOTBALL AMÉRICAIN.

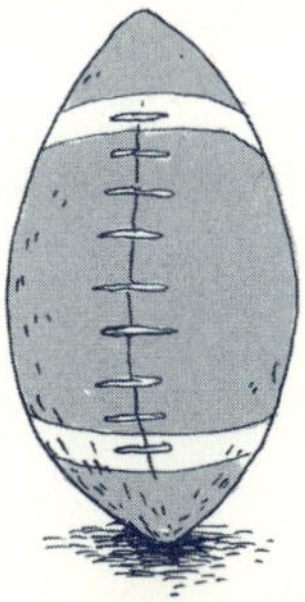

24

LORS DE LA COUPE DU MONDE DE FOOTBALL DE 1950, L'ÉQUIPE D'INDE A DÉCLARÉ FORFAIT PARCE QUE LA FIFA LUI INTERDISAIT DE JOUER PIEDS NUS.

C'est une des explications avancées, mais il est plus probable que ce soit surtout en raison du coût du déplacement au Brésil.

25 UNE ÉTUDE SCIENTIFIQUE DÉMONTRE QU'IL VAUT MIEUX ÊTRE GAUCHER DANS CERTAINS SPORTS.

Alors que les gauchers représentent entre 10 et 13 % de la population mondiale, dans certaines disciplines comme le tennis de table ou le base-ball, ce pourcentage atteint 25 %. C'est notamment lié à un temps de réaction plus court que chez les droitiers.

26 IL A FALLU ATTENDRE 1947 POUR QU'UN JOUEUR AFRO-AMÉRICAIN REJOIGNE LA LIGUE MAJEURE DE BASE-BALL.

Jusqu'à cette date, les propriétaires de clubs avaient interdiction de recruter des joueurs noirs. Non seulement Jackie Robinson se distinguera en tant que militant des droits civiques, mais il pourra revendiquer l'un des plus beaux palmarès du base-ball.

27 LE PREMIER MATCH DE L'ÉQUIPE DE FRANCE DE FOOT RETRANSMIS À LA TÉLÉVISION A EU LIEU LE 9 OCTOBRE 1952.

Il s'agissait du premier match (amical) contre l'Allemagne depuis la fin de la Seconde Guerre mondiale. À l'époque, seuls 40 000 foyers français sont équipés d'un téléviseur. 1 000 postes ont été vendus la veille du match.

28 UNE ÉQUIPE EST MORTE FOUDROYÉE AU COURS D'UN MATCH DE FOOT.

Ça s'est passé lors du championnat de foot de la République démocratique du Congo, en 1998. L'équipe adverse a miraculeusement survécu. Si des rumeurs de sorcellerie ont circulé à l'époque, ce sont en réalité leurs crampons en plastique qui ont sauvé la moitié des joueurs.

29

AUX JEUX PARALYMPIQUES DE SYDNEY, L'ÉQUIPE MASCULINE ESPAGNOLE DE BASKET DÉFICIENTE INTELLECTUELLE A REMPORTÉ LA MÉDAILLE D'OR… ALORS QUE DIX DES DOUZE JOUEURS N'AVAIENT AUCUN HANDICAP MENTAL.

30

LE SAVIEZ-VOUS ? KYLIAN MBAPPÉ ET PELÉ ONT MARQUÉ LE MÊME NOMBRE DE BUTS EN COUPE DU MONDE…

… mais ils restent à une dizaine de buts du record de l'Allemand Miroslav Klose (24 buts en quatre coupes du monde).

31 La cycliste française Jeannie Longo possède un des palmarès sportifs les plus impressionnants au monde.

Elle a remporté 59 titres nationaux, 13 titres de championne du monde (dont le dernier obtenu à 63 ans) et un titre olympique. Quarante-cinq ans qu'elle nous épate !

32 Le plus gros écart enregistré dans une compétition de foot internationale est de 31 buts !

Lors de ce match de qualification en 2001, l'Australie a battu les Samoa américaines sur le score sans appel de 31 à 0. Le joueur Archie Thompson a marqué 13 buts à lui tout seul.

33 LE DÉTENTEUR DU RECORD D'ESSAIS EN COMPÉTITION INTERNATIONALE DE RUGBY EST… JAPONAIS.

Il s'agit de Daisuke Ohata. En sélection japonaise, il a été l'auteur de 69 essais.

34 PENDANT LA SECONDE GUERRE MONDIALE, DEUX ÉQUIPES RIVALES DE LA LIGUE DE FOOTBALL AMÉRICAIN ONT DÛ S'ALLIER.

Elles n'ont pas eu le choix, faute de joueurs : la plupart étaient mobilisés. Ainsi, les Steelers de Pittsburgh et les Eagles de Philadelphie sont devenus temporairement les « Steagles ».

35 LE PLUS GROS DIFFÉRENTIEL JAMAIS ENREGISTRÉ DANS UNE COMPÉTITION INTERNATIONALE DE RUGBY EST DE 146 POINTS.

Soit 22 essais et 16 transformations. Le match opposait l'Australie à la Namibie en phase de poule de la Coupe du monde de 2003.

36 ÉTRANGE... LORS DE SON TRANSFERT EN 1999, UN JOUEUR SUÉDOIS A DÛ SIGNER UNE CLAUSE PAR LAQUELLE IL RENONÇAIT À VOYAGER DANS L'ESPACE.

37 LE MAILLOT JAUNE N'A PAS TOUJOURS EXISTÉ SUR LE TOUR DE FRANCE.

Il n'apparaît qu'en 1919, soit seize ans après la première édition, à la suite de l'abandon des deux favoris. Eugène Christophe, le nouveau leader au classement, était alors inconnu du public. On a eu l'idée d'un maillot distinctif pour que la foule puisse plus facilement l'acclamer.

38 UN COUREUR DU TOUR DE FRANCE PROFITE D'UN ARRÊT BUVETTE DU PELOTON POUR REMPORTER UNE ÉTAPE.

Jamais une échappée n'a si bien porté son nom. En 1935, lors d'une étape caniculaire, les coureurs du peloton se mettent d'accord pour un arrêt autour d'une bière. Tous sauf un… Julien Moineau remporte l'étape avec quinze minutes d'avance.

39 Cocorico ! Un Français détient le nombre record de bières bues d'affilée.

Il s'agit du catcheur André le Géant, star de la ligue mondiale de catch dans les années 1980. Il aurait bu 119 bières en six heures.

40 Connaissez-vous Stève le Phoque ? Ce sportif de haut niveau est le premier Français à avoir traversé la Manche aller-retour à la nage.

Stève Stievenart doit son surnom à son régime alimentaire essentiellement constitué de sardines, de harengs et de maquereaux. La couche graisseuse ainsi constituée lui permet de mieux supporter les températures froides de l'eau.

41 UNE COUREUSE CUBAINE A REMPORTÉ LE MARATHON DE BOSTON EN 1980 SANS L'AVOIR COURU.

Malgré un numéro d'actrice convaincant à l'arrivée, deux étudiants ont révélé le pot aux roses. Ils l'avaient vue rejoindre la course quelques centaines de mètres avant la fin. Évidemment, elle a été déclassée.

42 LE RECORD DU MATCH LE PLUS SANGLANT DE L'HISTOIRE DU FOOTBALL MONDIAL REVIENT AU PARAGUAY.

L'arbitre a distribué 36 cartons rouges, soit l'intégralité des deux équipes qui s'affrontaient (bancs des remplaçants compris).

43 LE BASKETTEUR AMÉRICAIN WILT CHAMBERLAIN A REVENDIQUÉ 20 000 CONQUÊTES AMOUREUSES.

Impossible à vérifier, mais sait-on jamais ? Quand on a le goût de la performance…

44 LES PARENTS DE KOBE BRYANT ONT SIGNÉ SON PREMIER CONTRAT PROFESSIONNEL.

Le joueur de basket a été recruté alors qu'il était encore au lycée. Il a dû attendre ses 18 ans pour pouvoir signer tout seul.

45 ELIZABETH ROBINSON AURAIT PU NE JAMAIS DEVENIR LA PREMIÈRE MÉDAILLÉE OLYMPIQUE DU 100 MÈTRES EN 1928.

C'est un enseignant la voyant courir derrière son train qui lui suggère de se mettre à l'athlétisme. Elle participe à sa première compétition quatre mois avant les Jeux olympiques.

46 PIERRE DE COUBERTIN ÉTAIT HOSTILE À L'OUVERTURE DES JEUX OLYMPIQUES AUX ATHLÈTES FÉMININES.

Elles sont absentes de la compétition en 1896 et font leur apparition en 1900 dans quelques épreuves (le golf, l'équitation, le tennis, la voile et le croquet) mais restent très minoritaires. Aujourd'hui, elles représentent presque la moitié des engagés.

47 UN VILLAGE ANGLAIS ORGANISE UNE COMPÉTITION ANNUELLE DE FROMAGE ROULANT.

C'est très simple : on fait débarouler un fromage du haut d'une colline, et les coureurs s'élancent derrière pour le rattraper. Le vainqueur gagne… le fromage.

48 LA VICTOIRE PAR K-O LA PLUS RAPIDE DE L'HISTOIRE A EU LIEU AU BOUT DE DEUX SECONDES.

Ryohei Masuda, champion de MMA, n'a eu qu'à envoyer un coup bien senti à son adversaire, qui s'était rué sur lui à peine la cloche sonnée.

49 UN JOUEUR DE FOOTBALL AMÉRICAIN A DÉFIÉ UN CHEVAL À LA COURSE.

Et il a gagné ! Bon, c'était sur une courte distance et Chad Johnson avait quelques mètres d'avance, mais le défi était organisé dans le cadre d'une action caritative, alors ça compte quand même.

50 313 KM/H : C'EST LE RECORD DU MONDE DE VITESSE DE PELOTE BASQUE.

Il est détenu par le Basque Iñaki Osa Goikoetxea, dit «Goiko».

51 LE MATCH DE TENNIS LE PLUS LONG DE TOUS LES TEMPS A DURÉ PLUS DE ONZE HEURES.

11 heures et 5 minutes pour être précis. Le match a opposé en 2010 le Français Nicolas Mahut à l'Américain John Isner au premier tour du tournoi de Wimbledon. Il s'est déroulé sur trois jours, et le cinquième set s'est terminé sur le score de 70 jeux à 68 pour l'Américain.

52 LE RECORDMAN DES RECORDS EST AMÉRICAIN.

Depuis 1979, Ashrita Furman a réalisé plus de 350 records entérinés par le *Guinness des records*. Il en détient encore aujourd'hui 174, notamment celui de la course en sac contre un yak en Mongolie.

53 UN ACTEUR DE HARRY POTTER S'EST RECONVERTI DANS LE MMA.

Joshua Herdman interprétait Goyle, l'ami de Drago Malefoy. Il mène ses carrières de sportif et de comédien de front.

54 ELLE AURAIT PU NE JAMAIS COURIR. ELLE REMPORTE TROIS MÉDAILLES D'OR D'ATHLÉTISME.

Wilma Rudolph souffrait en effet de la poliomyélite pendant son enfance. Elle a par la suite remporté trois médailles d'or d'athlétisme aux JO de Rome, en 1960.

55 MICHAEL JORDAN RESTE LE SPORTIF LE PLUS RICHE DE TOUTE L'HISTOIRE DU SPORT.

Il a pourtant pris sa retraite il y a vingt ans. Sa fortune actuelle est estimée à près de deux milliards d'euros.

56 MOHAMED ALI S'EST BATTU CONTRE SUPERMAN.

Oui, oui. Dans un DC Comics. Et vous savez quoi ? C'est le boxeur qui gagne à la fin…

57 UN MATCH DE FOOT COMMENCÉ EN 1930 S'EST TERMINÉ EN 2014.

En 1930, ce match qui opposait l'île grecque de Kos à une équipe turque d'Izmir devait marquer la réconciliation entre deux pays en guerre depuis des décennies. Le match est arrêté au bout de trois minutes à cause de la pluie. Redécouvrant cette histoire, les Grecs et les Turcs ont joué les 87 minutes restantes… 84 ans plus tard.

58 LE RECORD DE PROFONDEUR EN APNÉE EST DÉTENU PAR UN FRANÇAIS.

ON ESTIME LA DÉTENTE DE JORDAN À 1,04 M SANS ÉLAN, 1,22 M AVEC ÉLAN.

Dans la catégorie bi-palmes, Arnaud Jerald est descendu à 112 m, sans aucune bouteille d'oxygène.

59 EN 2016, À RIO, UN ATHLÈTE PARALYMPIQUE RÉALISE UNE MEILLEURE PERFORMANCE À LA FINALE DU 1 500 MÈTRES QUE L'ATHLÈTE "VALIDE" ET DÉTENTEUR DU TITRE OLYMPIQUE DE LA MÊME ANNÉE.

Abdellatif Baka, coureur algérien malvoyant, a non seulement gagné la médaille d'or mais aussi battu le record du monde des athlètes handisport de la discipline.

60 LE SAVIEZ-VOUS ? SUR LE JUMPMAN, LE CÉLÈBRE LOGO DE LA LIGNE AIR JORDAN, LE BASKETTEUR NE DUNKE PAS.

Michael Jordan effectue un grand jeté, une figure de ballet. Pire : sur la photo, il porte des New Balance !

61 LE JOUEUR DE BASKET SHAQUILLE O'NEAL AVAIT UNE SPÉCIALITÉ : CASSER LES PANNEAUX DE TIR EN S'ACCROCHANT AU CERCLE.

À tel point que la NBA a changé les règles à cause de lui. Un joueur qui casse un panneau est désormais sanctionné par une faute.

62 VRAI OU FAUX ? AUX ÉTATS-UNIS, LES MAILLOTS DES ÉQUIPES PROFESSIONNELLES DE SPORT ONT UNE COULEUR PROPRE À CHAQUE VILLE.

Faux. Il n'y a qu'à Pittsburgh que c'est le cas. Les équipes professionnelles sont toutes en noir et jaune.

63

LA LIGUE PROFESSIONNELLE DE BASE-BALL AUX ÉTATS-UNIS UTILISE 900 000 BALLES À CHAQUE SAISON.

64 VRAI OU FAUX ? C'EST MICHAEL JORDAN QUI FIGURE SUR LE LOGO OFFICIEL DE LA NBA.

Faux. Il s'agit de Jerry West, un ancien joueur des Lakers, champion olympique avec les États-Unis en 1960.

65 IL EXISTE UNE FÉDÉRATION FRANÇAISE DE FOOTBALL AMÉRICAIN.

Elle héberge même les clubs français de pom-pom girls.

66 LE SEUL SPORT JAMAIS PRATIQUÉ SUR LA LUNE EST LE GOLF.

Alan Shepard a voulu taquiner la balle au cours de la mission *Apollo 14* et a dû s'y reprendre à plusieurs fois. Contrairement à ce qu'affirme l'astronaute, la balle n'est pas partie à des kilomètres mais a atterri environ 36 m plus loin.

67 Lors des JO de 2021 à Tokyo, les deux derniers finalistes du concours de saut en hauteur ont refusé de se départager.

Les deux athlètes italien et qatari, amis hors du stade, ont décidé de partager leur médaille d'or.

68 Les premiers ballons de foot étaient fabriqués avec des vessies d'animaux.

Le problème, c'est que ces vessies avaient tendance à exploser facilement. D'où l'idée de les entourer de cuir ou de liège à partir du XVIIIe siècle.

69 LA FOLIE DES GRANDEURS : À LA FIN DES ANNÉES 1980, DONALD TRUMP A CHERCHÉ À CRÉER UN TOUR DES ÉTATS-UNIS POUR CONCURRENCER LE TOUR DE FRANCE.

La première édition du modestement nommé « Tour de Trump » s'est achevée à l'ombre du Trump Plaza à Atlantic City. De sombres irrégularités financières ont fait capoter le projet au bout de deux ans seulement.

70 LE PLUS GROS MARQUEUR DE TOUS LES TEMPS DE LA NBA EST LEBRON JAMES.

Il cumule à ce jour plus de 38 000 points. Et ce n'est pas fini puisqu'il est encore en activité.

71 MICHEL PLATINI EST LE PREMIER FOOTBALLEUR FRANÇAIS À ÊTRE APPARU DANS DES SPOTS PUBLICITAIRES.

Bien avant Kylian Mbappé, Michel Platini a fait la promotion de Fruité, une boisson sucrée, d'un babyfoot pour enfants et de la Renault 12.

72 LE PREMIER BALLON DE VOLLEY ÉTAIT UN BALLON DE BASKET.

Enfin presque. Le révérend Morgan, l'inventeur du volley, a utilisé la vessie d'un ballon de basket en retirant la surface extérieure du ballon. Mais celui-ci restant trop lourd, il en a ensuite conçu un plus petit et plus léger, mieux adapté au volley.

73 LA MÉDAILLE D'OR OLYMPIQUE EST EN ARGENT.

Elle en est constituée à 92,5 %. Mais elle est bien recouverte d'or pur.

74 IL A FALLU ATTENDRE 1967 POUR QU'UNE FEMME PARTICIPE OFFICIELLEMENT À UN MARATHON.

Auparavant, les femmes n'étaient pas autorisées à courir sur des distances supérieures à 800 m. Kathrine Switzer prend le départ du marathon de Boston aux côtés de son entraîneur et de son compagnon, qui devront s'interposer lorsque le directeur de la course cherchera à l'exclure de la compétition.

75 LE PLUS JEUNE MÉDAILLÉ OLYMPIQUE AVAIT 10 ANS.

Le gymnaste Dimítrios Loúndras a décroché la médaille de bronze dans l'épreuve par équipe des barres parallèles, lors des JO d'Athènes en 1896.

76 LE PLUS VIEUX MÉDAILLÉ OLYMPIQUE ÉTAIT PEINTRE.

Du temps où les JO accueillaient encore des épreuves artistiques, le Britannique John Copley, alors âgé de 73 ans, a décroché la médaille d'or. Les puristes du sport préfèrent retenir le Suédois Oscar Swahn, médaille d'or de tir à la carabine sur cible mobile en 1912. Il avait alors 72 ans.

77 LES CLUBS DE GOLF DE JFK ONT ÉTÉ VENDUS AUX ENCHÈRES POUR PLUS D'UN MILLION DE DOLLARS.

Un lot de deux clubs en bois a même atteint la somme de 772 000 dollars.

78 LE NAGEUR MICHAEL PHELPS EST LE SPORTIF LE PLUS TITRÉ DE L'HISTOIRE DES JEUX OLYMPIQUES.

Entre 2004 et 2016, il a gagné pas moins de 23 médailles d'or, 3 d'argent et 2 de bronze. Respect.

79 LE SAVIEZ-VOUS ? DES TESTS DE FÉMINITÉ ÉTAIENT PRATIQUÉS SUR LES ATHLÈTES FÉMININES AUX JEUX OLYMPIQUES JUSQU'EN 1996.

Seule la princesse Anne d'Angleterre (qui a participé aux JO en 1970) en a été dispensée…

80 LES FINLANDAIS SONT LES CHAMPIONS HORS CATÉGORIE DES CHAMPIONNATS DU MONDE LES PLUS ABSURDES.

On compte notamment les championnats du monde de lancer de portable, d'endurance au sauna, d'écrasement de moustiques ou de football dans la boue.

81 EN MOYENNE, UN MATCH DE BASE-BALL NE CONTIENT QUE QUINZE À DIX-HUIT MINUTES D'ACTION PURE.

Pourtant, un match dure en moyenne entre deux et trois heures.

82 CONNAISSEZ-VOUS LE BOUZKACHI, LE SPORT NATIONAL AFGHAN ?

Ce sport, pratiqué dans toute l'Asie centrale, réunit des cavaliers dont l'objectif est de ramasser une carcasse de chèvre et de la porter jusque dans les buts.

83 LA FRANCE A ÉTÉ TROIS FOIS CHAMPIONNE DE HOCKEY SUBAQUATIQUE.

Comme son nom l'indique, ce sport se pratique au fond d'une piscine avec un palet, une petite crosse, des palmes, un masque et un tuba.

84 LE MARATHON "LE PLUS LONG DU MONDE" SE TIENT TOUS LES ANS DANS LE MÉDOC.

Au menu du marathon des châteaux du Médoc : dégustations de vins, d'huîtres et d'entrecôtes disséminées sur le parcours…

85 LES CHEVAUX QUI PARTICIPENT AUX ÉPREUVES D'ÉQUITATION DOIVENT SE SOUMETTRE À DES CONTRÔLES ANTIDOPAGE.

86 LES JEUX OLYMPIQUES DE MOSCOU EN 1980 ONT ÉTÉ DÉCLARÉS LES PLUS "PURS" DE L'HISTOIRE PAR LES AUTORITÉS SOVIÉTIQUES.

Aucun athlète n'a été contrôlé positif. Tout le monde n'est pas de cet avis…

87 IL EXISTE UNE LIGUE NORD-AMÉRICAINE DU PORTÉ D'ÉPOUSE.

88 SEULS DEUX ATHLÈTES ONT REMPORTÉ DES TITRES OLYMPIQUES À LA FOIS AUX JO D'ÉTÉ ET AUX JO D'HIVER.

Il s'agit de l'Américain Edward Eagan (boxe et bobsleigh) et du Suédois Gillis Grafström (patinage).

89 EN 2016, À RIO, DES JO NUDISTES ONT ÉTÉ ORGANISÉS EN HOMMAGE AUX JEUX OLYMPIQUES ANTIQUES.

90 IL EXISTE UN SPORT IMPLIQUANT DES JOUEURS ACCROCHÉS À LA QUEUE DE DEUX VACHES ET TRAÎNÉS DANS LA BOUE SUR UNE PLANCHE EN BOIS.

Il s'agit du pacu jawi, une sorte de ski nautique pratiqué sur l'île de Sumatra, en Indonésie.

L'HISTOIRE (À DORMIR DEBOUT)

On entend souvent dire que quiconque refuse de tirer des leçons de l'histoire est condamné à la répéter. Pas de doute, ce serait complètement crétin de reproduire les épisodes désastreux du passé. Pourtant, la vie politique actuelle est parfois si déroutante qu'on en oublie quelques exemples récents risibles. Pensez à certains textes de loi ridicules, à des candidats politiques complètement fous, aux emblèmes nationaux sortis de nulle part.

Peu importe le bout par lequel on les prend, l'histoire de France et celle de l'humanité regorgent d'anecdotes bizarres.

Votre journée n'a ni queue ni tête ? Armez-vous de courage et rassurez-vous, il existe toujours des exemples encore plus déments, délirants et siphonnés que ce que vous aurez vécu aujourd'hui. Le meilleur dans tout ça ? C'est que certaines absurdités valent encore de nos jours !

1 INSOLITE : LE SPORT OFFICIEL DU MARYLAND, ÉTAT DE L'EST DES ÉTATS-UNIS, EST LA JOUTE ÉQUESTRE.

Cette tradition médiévale importée par les premiers colons de cet État est devenue très en vogue à la fin de la guerre de Sécession.

2 IL EST INTERDIT D'AVOIR UN HAMSTER SUR LES ÎLES D'HAWAÏ.

Le rongeur risquerait de proliférer sous ce climat. Les législateurs hawaïens redoutent les effets de l'introduction d'une nouvelle espèce sur un écosystème fragile.

3 RICHARD NIXON AURAIT AIMÉ ÊTRE RAPPEUR.

Dans une interview, l'ancien président des États-Unis a déclaré : « J'ai souvent pensé que, si dans ma jeunesse un bon groupe de rap avait existé, j'aurais peut-être choisi de devenir musicien plutôt que de faire de la politique. » Sincèrement, qu'aurait-il mieux valu ?

4 CONNAISSEZ-VOUS AUDIE MURPHY ? C'EST UN DES SOLDATS DE LA SECONDE GUERRE MONDIALE À AVOIR REÇU LE PLUS DE DISTINCTIONS MILITAIRES.

Il s'est notamment distingué à l'âge de 19 ans en résistant une heure tout seul face à l'assaut d'une compagnie allemande près de Colmar. Non seulement il a reçu plus de trente médailles de l'armée américaine, mais il a été également décoré par la France et la Belgique. Par la suite, il est devenu acteur de cinéma.

5 PRÈS DE 750 000 AMÉRICAINS ONT PÉRI AU COURS DE LA GUERRE DE SÉCESSION, SOIT 2,5 % DE LA POPULATION TOTALE DU PAYS À L'ÉPOQUE.

6 À L'APOGÉE DE SA DOMINATION SUR LES CARTELS COLOMBIENS, PABLO ESCOBAR DÉPENSAIT CHAQUE SEMAINE 2 500 DOLLARS RIEN QUE POUR ACHETER LES ÉLASTIQUES QUI ENTOURAIENT LES LIASSES DE BILLETS QUE LE TRAFIC LUI RAPPORTAIT.

On estime également à plus d'un milliard de dollars le montant perdu par le cartel à cause des rats qui grignotaient l'argent entreposé.

7 L'ANTARCTIQUE EST LE CONTINENT AU TAUX D'ALPHABÉTISATION LE PLUS ÉLEVÉ.

Les seuls habitants de l'Antarctique étant des chercheurs, rien de très étonnant à ce que le chiffre atteigne 100 % !

8 LE FRÈRE DE JOHN WILKES BOOTH, L'ASSASSIN DE LINCOLN, AVAIT SAUVÉ LE FILS DU PRÉSIDENT QUELQUES ANNÉES AUPARAVANT.

9 EN AUSTRALIE, IL Y A EU UNE "GUERRE DES ÉMEUS".

Ainsi baptisée par les médias, cette guerre désigne une opération menée en 1932 par l'armée contre ces volatiles, jugés nuisibles par les fermiers de la région de Campion. Au grand dam des Australiens, la campagne a été un fiasco, et ce sont les émeus qui ont gagné.

10

LE RÈGNE DE CLÉOPÂTRE EST PLUS PROCHE DANS LE TEMPS DU PREMIER PAS SUR LA LUNE QUE DE LA CONSTRUCTION DES PYRAMIDES.

11

IL EXISTE UNE RUMEUR SELON LAQUELLE LA CIA, DURANT LA GUERRE FROIDE, AURAIT ENVISAGÉ D'ATTAQUER LE MORAL DES MÂLES SOVIÉTIQUES EN LÂCHANT PAR AVION DES MILLIERS DE PRÉSERVATIFS XL MARQUÉS S.

Mais on n'a jamais retrouvé de spécimens pour la confirmer…

12 LA CIA UTILISAIT DES CHATS ESPIONS.

C'est ce que prétend un ancien agent de la CIA, qui raconte qu'on pratiquait des opérations sur des chats pour les équiper de matériel d'enregistrement. On relâchait les félins dans des zones sensibles pendant la guerre froide.

MALGRÉ LE DÉMENTI DE LA CIA, IL SEMBLERAIT QUE LE PREMIER DE CES CHATS AIT ÉTÉ PRESQUE IMMÉDIATEMENT ÉCRASÉ PAR UN TAXI.

13 ALBERT EINSTEIN AURAIT PU DEVENIR PRÉSIDENT D'ISRAËL.

Le poste à haute portée symbolique lui a été proposé en 1952, à la mort du premier président de l'État hébreu, Chaïm Weizmann, qui avait qualifié Einstein de « plus grand Juif vivant ». Le scientifique a cependant décliné, expliquant qu'il était trop âgé et qu'il manquait d'expérience…

14 L'UNIVERSITÉ DE LA SORBONNE EST PLUS ANCIENNE QUE LES AZTÈQUES.

Le collège fondé par Robert de Sorbon est reconnu par le pouvoir royal en 1257. L'empire aztèque, quant à lui, n'atteint son apogée qu'en 1428.

15 L'ARABIE SAOUDITE IMPORTE DU SABLE.

La qualité de son sable ne suffisant pas à la fabrication du verre, l'État saoudien achète des grains à d'autres pays ensablés.

16 ADOLF HITLER A ÉTÉ SUR LA LISTE DES CANDIDATS AU PRIX NOBEL DE LA PAIX.

En 1939, le député suédois Erik Brandt suggère le nom du chancelier parmi les candidats au prix Nobel. Il s'agissait en réalité pour lui de dénoncer, non sans ironie, la nomination du chancelier britannique Chamberlain auquel il reprochait d'avoir signé les accords de Munich, l'année précédente.

17 Les États-Unis ont accidentellement lâché une bombe atomique sur leur propre territoire.

En 1961, un avion qui transportait deux ogives nucléaires au-dessus de la Caroline du Nord se désintègre en plein vol. Par miracle, aucune des deux n'explose. Un marqueur routier indique aujourd'hui l'emplacement de l'incident.

18 L'unique arbre du désert du Sahara a été abattu par un chauffard ivre en 1973.

Dire que c'était l'unique arbre du Sahara n'est pas tout à fait exact. Mais l'arbre du Ténéré était en tout cas l'unique spécimen à 400 km à la ronde. Il a été percuté et renversé par un chauffard ivre, puis remplacé par une statue métallique qui le représente.

19 LE CONSTRUCTEUR AUTOMOBILE HENRY FORD A REÇU LA PLUS HAUTE DISTINCTION QU'UN ÉTRANGER POUVAIT OBTENIR DU RÉGIME NAZI.

Ford a continué à traiter avec l'Allemagne nazie et a gagné des fortunes en produisant des véhicules à la fois pour les Alliés et pour les forces de l'Axe. Ce n'est pas une véritable surprise : Ford était connu pour son antisémitisme.

20 AUX PREMIÈRES HEURES DE L'AUTOMOBILE, ON EXIGEAIT EN ANGLETERRE QU'UN HOMME PRÉCÈDE CHAQUE VOITURE EN AGITANT UN DRAPEAU ROUGE POUR ALERTER LES PASSANTS.

Pour rendre la chose possible, la vitesse maximale autorisée en ville était de 3 km/h et de 6 km/h sur les routes de campagne.

21 UNE JARRE CONTENANT LA REPRODUCTION EN CAOUTCHOUC DU PÉNIS DE JOHN DILLINGER, CÉLÈBRE BANDIT DE LA GRANDE DÉPRESSION AUX ÉTATS-UNIS, SERAIT EXPOSÉE AUX ARCHIVES DU SMITHSONIAN À WASHINGTON.

Cette rumeur, d'origine inconnue, repose sur la taille prétendument hors norme du sexe du malfrat, légende qui a perduré après sa mort. L'objet serait l'idée d'un plaisantin.

22 LE PREMIER VOL EN AVION DE CLÉMENT ADER A EU LIEU EN 1890, À PEINE UN SIÈCLE AVANT LE PREMIER VOL SUR LA LUNE.

23 EN 1868, LE PARTI DÉMOCRATE AMÉRICAIN A FORCÉ UN CANDIDAT À SE PRÉSENTER AUX ÉLECTIONS PRÉSIDENTIELLES.

Horatio Seymour avait déclaré à plusieurs reprises ne pas vouloir se porter candidat, mais, plébiscité lors de la convention de son parti, il a été contraint à faire campagne. Sans surprise, il a perdu face à Ulysses S. Grant.

24 UN PRÉSIDENT DE LA RÉPUBLIQUE FRANÇAISE EST TOMBÉ PAR LA FENÊTRE D'UN TRAIN.

Sans doute en proie à une crise de somnambulisme, Paul Deschanel est passé par la fenêtre, alors qu'il cherchait à prendre l'air. Le train roulant à faible allure, il n'a pas été blessé mais sa mésaventure lui a valu quelques féroces caricatures.

25 AU DÉBUT DES ANNÉES 2000, L'HYPERINFLATION ÉTAIT TELLE AU ZIMBABWE QU'ON TROUVAIT DES BILLETS DE 100 MILLIARDS DE DOLLARS.

Cette monnaie n'a plus cours désormais, mais vous trouverez quelques spécimens encore en ligne, si jamais vous cherchez un souvenir insolite.

26 LE PASSE-TEMPS PRÉFÉRÉ DE LA COUR DE NAPOLÉON III ÉTAIT LA DICTÉE.

L'écrivain Prosper Mérimée a proposé une dictée à laquelle Napoléon III a fait 75 fautes.

27 À LA FIN DU XIXE SIÈCLE, DEUX PALÉONTOLOGUES SE SONT VIOLEMMENT AFFRONTÉS AUTOUR DE LA DÉCOUVERTE D'OS DE DINOSAURES DANS UN CONFLIT RESTÉ CÉLÈBRE COMME "LA GUERRE DES OS".

Les deux scientifiques, autrefois amis, n'hésitaient pas à voler les découvertes de l'autre, à soudoyer l'administration pour obtenir des droits de fouille, s'invectivaient par médias interposés. Tout ça pour des os de dinosaures !

28 FUT UN TEMPS OÙ L'ON PRENAIT LES TUBERCULEUX POUR DES VAMPIRES.

Cette rumeur s'est propagée dans toute la Nouvelle-Angleterre à la fin du XVIIIe siècle.

29 LA FRANCE A SON PARMENTIER, LES ÉTATS-UNIS LEUR PÉPIN DE POMME.

Il s'agit de John Chapman, dit Johnny Appleseed, qu'on pourrait traduire par « John Pépin-de-pomme ». Ce botaniste a contribué à introduire et planter des pommiers sur de larges territoires aux États-Unis. Il compte également parmi les premiers écologistes.

30 LES ÉTATS-UNIS ONT ACHETÉ L'ALASKA À LA RUSSIE AU PRIX DE 0,5 CENTS POUR 1 000 M^2.

31 NAPOLÉON Ier N'A ÉTÉ BLESSÉ QUE DEUX FOIS AU COURS DE TOUTES SES CAMPAGNES.

Bien qu'ayant mené de nombreuses guerres, Napoléon Ier n'aurait été blessé que deux fois au cours de sa carrière militaire : la première lors de la campagne d'Égypte, percuté par le sabot d'un cheval ; la seconde lors du siège de Ratisbonne en 1809, atteint d'une balle au talon.

32 NAPOLÉON (TOUJOURS LUI) N'ÉTAIT PAS AUSSI PETIT QU'ON LE DIT.

C'est surtout la propagande étrangère qui a contribué au mythe caricatural de l'empereur. On estime pourtant aujourd'hui qu'il mesurait environ 1,69 m, ce qui le situait juste au-dessus de la taille moyenne en France à l'époque.

33 LE MARIAGE INTERRACIAL N'A ÉTÉ AUTORISÉ AUX ÉTATS-UNIS QU'EN 1967.

Alors, la prochaine fois que quelqu'un vous dira que le racisme « c'est du passé », n'oubliez pas de ressortir cette anecdote.

34

DANS LES ANNÉES 1860, UN SAC DE FARINE A ÉTÉ VENDU POUR LA MODIQUE SOMME DE... 275 000 DOLLARS !

Ce sac, utilisé comme symbole, a été mis en vente à plusieurs reprises afin de récolter des fonds pour les soldats blessés de la guerre de Sécession.

35

À SON APOGÉE, L'EMPIRE MONGOL ENGLOBAIT PLUS D'UN QUART DE LA POPULATION MONDIALE.

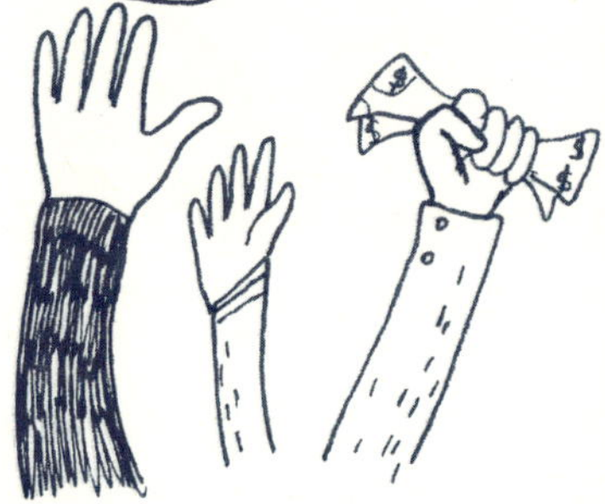

36 AU XVIIIE SIÈCLE, LA TAILLE MOYENNE ÉTAIT SITUÉE AUTOUR DE 1,67 M.

Elle n'a cessé d'augmenter depuis. En France, de nos jours, un homme mesure en moyenne 1,78 m.

37 UN DISCOURS A SAUVÉ LA VIE DE THEODORE ROOSEVELT.

En 1912, l'ancien président des États-Unis reçoit une balle alors qu'il prononce un discours pour sa nouvelle campagne présidentielle. Par chance, elle a seulement transpercé son étui à lunettes en acier et la copie épaisse de son discours. Il a même pu aller jusqu'au bout de celui-ci.

38 STALINE MAÎTRISAIT LE MONTAGE PHOTO BIEN AVANT LES OUTILS DE RETOUCHE NUMÉRIQUE.

Quand il se débarrassait d'un des membres de son cercle proche, il effaçait toute trace de son existence sur les clichés. On trouve de nombreux exemples de photographies où le nombre des conseillers de Staline s'amenuise au fil du temps…

39 LE PRÉSIDENT AMÉRICAIN LYNDON B. JOHNSON A CHANGÉ LES DOUCHES DE LA MAISON-BLANCHE DE SORTE QU'ELLES POSSÈDENT DES JETS MASSANTS À HAUTEUR DE SON PÉNIS.

Difficile d'établir la véracité d'informations aussi officieuses en provenance de la Maison-Blanche, mais c'est ce que révèle Kate Andersen Brower dans son livre *La Résidence*, consacré aux secrets de la demeure présidentielle américaine.

40 VRAI OU FAUX ? LA PESTE NOIRE A TUÉ PRÈS D'UN QUART DE LA POPULATION EUROPÉENNE.

Faux. Elle a tué UN TIERS de la population européenne… en cinq ans à peine.

41 DES PROSTITUÉES SONT À L'ORIGINE D'UN ORDRE RELIGIEUX CATHOLIQUE.

En 1641, Jean Eudes ouvre un lieu de refuge pour les prostituées « repenties » à Caen. Face à l'hostilité de la population, il obtient d'abord une reconnaissance de la communauté par le cardinal de Richelieu, puis la création de l'ordre de Notre-Dame-de-Charité par l'évêque de Bayeux.

42 VRAI OU FAUX ? LE CHIEN DU PRÉSIDENT AMÉRICAIN JOHN ADAMS S'APPELAIT JÉSUS.

Faux. En revanche, il avait bien un chien du nom de Satan.

43 LE DEUXIÈME HOMME SUR LA LUNE, BUZZ ALDRIN, A EU UNE (COURTE) CARRIÈRE DANS LE RAP.

En 2010, Buzz Aldrin a effectivement enregistré un titre rappé, produit par Snoop Dogg. Il s'appelle *The Rocket Experience*.

44 VRAI OU FAUX ? IVAN LE TERRIBLE EST LE PERSONNAGE HISTORIQUE QUI A INSPIRÉ DRACULA.

Faux. C'est à Vlad III Basarab, dit Vlad l'Empaleur, que revient cet ignoble honneur.

45 VRAI OU FAUX ? L'EMPEREUR CALIGULA A FAIT SON CHEVAL SÉNATEUR.

Faux. En revanche, l'historien Suétone écrit que l'empereur aurait envisagé de nommer consul son cheval préféré, Incitatus. Ces récits ont alimenté la vision de Caligula comme empereur fou. Certains historiens contemporains avancent cependant l'hypothèse selon laquelle il s'agissait d'une provocation de sa part face au Sénat corrompu.

46 UN SCIENTIFIQUE SOVIÉTIQUE A TENTÉ DE CRÉER UN HYBRIDE DU CHIMPANZÉ ET DE L'HOMME.

Malheureusement (ou plutôt fort heureusement), les tentatives d'Ilia Ivanov d'inséminer artificiellement des femelles chimpanzés avec du sperme humain dans les années 1920 n'ont donné aucun résultat.

47 UN PAPE A ÉCRIT UN ROMAN ÉROTIQUE.

Bon, à l'époque de sa parution en 1444, son auteur, Æneas Sylvius Piccolomini, n'était pas encore souverain pontife. Ce roman épistolaire est paru sous le nom d'*Histoire de deux amants*.

48 VRAI OU FAUX ? SOUS L'EMPIRE ROMAIN, L'URINE DE CHEVAL SERVAIT À SE BROSSER LES DENTS.

Faux. La vérité est bien plus écœurante. Pour se brosser les dents, on utilisait sa propre urine.

49 LE RÉVOLUTIONNAIRE MIRABEAU EST LE PREMIER À ÊTRE ENTRÉ AU PANTHÉON… ET LE PREMIER À EN ÊTRE SORTI.

… À peine trois ans après son entrée en 1791 ! Le héros de la Révolution est tombé de son piédestal quand Gamain, l'ancien serrurier de Louis XVI, révèle sous la pression le contenu de l'armoire de fer du souverain. On y découvre une abondante correspondance entre Mirabeau et le roi qu'il conseillait pour le maintenir au pouvoir.

50 LE GOUVERNEMENT AMÉRICAIN EMPOISONNAIT LA BIÈRE PENDANT LA PROHIBITION.

Ces tentatives pour le moins zélées du gouvernement de faire diminuer la consommation d'alcool aux États-Unis se sont traduites par plusieurs morts.

51 LA PREMIÈRE BOMBE LÂCHÉE PAR LES ALLIÉS SUR BERLIN PENDANT LA SECONDE GUERRE MONDIALE A TUÉ UN ÉLÉPHANT.

Et pas qu'un seul : la bombe est tombée sur le parc zoologique de Berlin et a tué sept des huit éléphants présents.

52 VRAI OU FAUX ? L'ANGLAIS EST LA LANGUE OFFICIELLE DES ÉTATS-UNIS.

Faux. Il n'existe pas de langue officielle au niveau fédéral, même si l'anglais est *de facto* la langue nationale.

53 UNE PASSAGÈRE A SURVÉCU AUX NAUFRAGES DU *TITANIC* ET DU *BRITANNIC*.

Il s'agit de Violet Jessop, qui travaillait à bord des deux navires comme hôtesse puis infirmière. Cela ne l'a pas découragée puisqu'elle a continué de travailler en mer jusqu'en 1952.

54 VRAI OU FAUX ? JULES CÉSAR A ÉTÉ PRIS EN OTAGE PAR DES PIRATES, MAIS S'EST ÉVADÉ AVANT LE PAIEMENT DE LA RANÇON.

Faux. Non seulement les Romains ont payé la rançon, mais César, vexé que les pirates ne demandent que vingt pièces d'argent, a exigé qu'ils montent la rançon à cinquante.

55 VRAI OU FAUX ? ON ESTIME QU'ENVIRON 5 % DE LA POPULATION MONDIALE EST ISSUE DE LA LIGNÉE DE GENGIS KHAN.

Faux. Même si la descendance de l'empereur a de quoi impressionner : une étude récente a montré qu'une personne sur 200 posséderait une lignée chromosomique Y inhabituelle, attribuée à Gengis Khan. En Asie, le chiffre des personnes porteuses de cette lignée monte même à 8 %.

56 LA CROIX GAMMÉE N'A PAS TOUJOURS ÉTÉ UN SYMBOLE INTERDIT.

Les nazis se sont emparés de ce symbole, présent notamment dans l'hindouisme ou le bouddhisme, à leur arrivée au pouvoir et en ont détourné la signification d'origine, synonyme de chance et de prospérité, pour en faire celui de la supériorité de la race aryenne. Aujourd'hui, la croix gammée est interdite dans la plupart des pays occidentaux.

57 JUSQU'À UNE PÉRIODE RÉCENTE, LA RUSSIE NE CONSIDÉRAIT PAS LA BIÈRE COMME DE L'ALCOOL.

Jusqu'en 2011 n'étaient considérés comme boissons alcoolisées que les breuvages présentant plus de 10 % d'alcool.

58 VRAI OU FAUX ? EN 1919, UNE VINGTAINE D'HABITANTS DE BOSTON ONT PÉRI EMPORTÉS PAR UNE VAGUE D'ÉTHANOL.

Faux. En réalité, 21 personnes ont péri emportées par une vague de mélasse libérée après la rupture d'une citerne, en raison des fortes chaleurs.

59 VRAI OU FAUX ? IL DEVIENT COMMUN DE VOIR DES FEMMES PORTER DES PANTALONS À COMPTER DU XVIIIe SIÈCLE.

Faux. Ce n'est qu'à partir du XXe siècle qu'il devient habituel de voir des femmes en pantalon.

60 LE PAPE A DÉCLARÉ QUE LES CHATS NOIRS ÉTAIENT L'INCARNATION DU DIABLE.

Au XIIIe siècle, le pape Grégoire IX pensait que les chats noirs étaient liés au diable. De fait, de nombreux fidèles se sont mis à les fuir, voire à les tuer. Certains prétendent que l'absence de chats à l'époque a contribué à la prolifération des rats et à la propagation de la peste bubonique.

61 SHAKESPEARE A INVENTÉ LE PRÉNOM "JESSICA".

Ce prénom apparaît pour la première fois dans la pièce *Le Marchand de Venise*.

62 VRAI OU FAUX ? LORS DE LA BATAILLE DE STALINGRAD, LES TROUPES SOVIÉTIQUES N'ONT PAS SUBI DE PERTES.

Faux. Le siège de Stalingrad en 1943 a fait plus de victimes que celles des armées américaines et britanniques réunies.

63 LE PREMIER CHEF D'ÉTAT DU CHILI INDÉPENDANT ÉTAIT D'ORIGINE IRLANDAISE.

Son nom : Bernardo O'Higgins.

64 HITLER AVAIT UN NEVEU QUI A SERVI CONTRE LUI PENDANT LA SECONDE GUERRE MONDIALE.

William Hitler a servi dans l'armée américaine à partir de 1944. De retour à la vie civile, il changera de nom et deviendra William Stuart-Houston.

65 AUX ÉTATS-UNIS, UN SOULÈVEMENT POPULAIRE EST NÉ AUTOUR DU WHISKY.

On lui a donné le nom de Révolte du whisky. Ce soulèvement est né d'une rébellion des distillateurs contre l'augmentation des taxes sur les alcools forts. Il a été réprimé par l'armée envoyée par le président George Washington en 1794.

66 VRAI OU FAUX ? AUTREFOIS, LES DENTIERS ÉTAIENT RÉSERVÉS AUX CADAVRES POUR LEUR DONNER MEILLEURE MINE.

Faux. En réalité, on récupérait souvent les dents sur les cadavres pour fabriquer des dentiers destinés aux personnes bien portantes.

67 LES MAYAS ARRACHAIENT LE CŒUR DE LEURS VICTIMES VIVANTES EN SACRIFICE AUX DIEUX.

Une fois n'est pas coutume, cette rumeur n'en est pas une.

68 VRAI OU FAUX ? LA GUERRE DE CENT ANS N'A PAS DURÉ TOUT À FAIT UN SIÈCLE.

Faux. Elle a duré 116 ans.

69 VRAI OU FAUX ? LA TSARINE CATHERINE II POSSÉDAIT UN CABINET ÉROTIQUE.

Joker. Des soldats allemands auraient retrouvé dans la résidence d'été de Catherine la Grande une pièce contenant des meubles ornés de pénis et de vulves. Mais les experts d'art ne sont pas formels sur leur provenance. Ce qui est certain, c'est que Catherine II de Russie avait la réputation d'être une mangeuse d'hommes.

70 VRAI OU FAUX ? IL N'Y AVAIT PAS DE TOILETTES À VERSAILLES DU TEMPS DE LOUIS XIV.

Faux. C'est une rumeur persistante sur l'hygiène qu'on se plaît à imaginer déplorable. En réalité, il y avait bien des latrines publiques, aujourd'hui disparues. Et, pour les envies les plus pressantes, des chaises percées étaient à disposition derrière des paravents. C'est Louis XV qui introduira les toilettes avec chasse d'eau à Versailles.

71 BRUTUS N'A JAMAIS ÉTÉ ADOPTÉ PAR JULES CÉSAR.

La rumeur selon laquelle Brutus aurait été adopté par César a été relayée par Plutarque, qui a également avancé l'hypothèse que César était son père naturel. Mais les historiens modernes sont loin d'en être convaincus !

72 VRAI OU FAUX ? LES SCULPTURES DU MONT RUSHMORE ONT ÉTÉ ACHEVÉES EN 1977.

Faux. Elles ont été terminées en 1941.

73 L'ARMÉE AUTRICHIENNE S'EST ATTAQUÉE ELLE-MÊME LORS D'UNE BATAILLE.

Du moins c'est ce que prétend la légende de la bataille de Karánsebes, en 1788. Une dispute durant la nuit aurait dégénéré et aurait été interprétée comme une attaque de l'ennemi turc, provoquant un mouvement de panique général. Certaines sources parlent de 10 000 victimes, d'autres d'à peine 150.

74 VRAI OU FAUX ? À LA FIN DU XIXE SIÈCLE, DES UTOPISTES RUSSES ONT VOULU CRÉER UN ÉTAT EN AMÉRIQUE DU SUD.

Faux. En réalité, il s'agissait d'un mouvement utopiste australien qui cherchait à créer un État socialiste. Il s'est établi au Paraguay en 1893. L'expérience a été de courte durée, puisque la colonie a été dissoute l'année suivante.

75 VRAI OU FAUX ? ACTUELLEMENT, PLUS DE 1 % DE LA POPULATION AMÉRICAINE EST EN PRISON.

Faux. Mais les États-Unis comptent malgré tout parmi les pays avec le plus fort taux d'incarcération au monde, puisque le nombre de personnes détenues en 2020 tournait autour de 1,5 million (soit 0,5 % de la population).

QUAND Y EN A PLUS… Y EN A ENCORE !

Certaines anecdotes sont si complètement dingues qu'il est compliqué de les ranger dans une catégorie. Mais, au fond, ce n'est pas si grave. Pourquoi vouloir absolument étiqueter les histoires les plus folles ? Laissez donc en liberté les inventions bizarres, les particularités géographiques et autres personnalités excentriques. Laissez-les vous divertir et stimuler votre curiosité à travers leur singularité.

Ce chapitre est celui des inclassables. On n'y parle ni nature ni sport. Ces faits n'ont pas déclenché de guerre, pas plus qu'ils ne tournent autour d'une autre étoile. Impossible de ranger ces freaks parmi les freaks, mais c'est justement pour cette raison qu'on les adore !

1 LE PLONGEON DE CHEVAUX A ÉTÉ UNE ATTRACTION POPULAIRE D'ATLANTIC CITY.

Il s'agissait de faire sauter des chevaux depuis une plate-forme pouvant atteindre les vingt mètres de hauteur. L'histoire ne dit pas si les blessures étaient fréquentes, mais l'attraction a quand même été maintenue jusqu'en 1978.

2 IL A FALLU ATTENDRE CINQUANTE ANS APRÈS LES PREMIÈRES BOÎTES DE CONSERVE POUR INVENTER… L'OUVRE-BOÎTE.

3 Lors d'une transplantation, les chirurgiens laissent généralement le rein d'origine en place.

Vous n'imaginez pas le nombre de personnes qui se baladent avec trois reins ! L'organe d'origine n'est retiré que s'il présente un danger particulier pour le patient.

4 Aux États-Unis, il y a plus de personnes tuées par des distributeurs automatiques que par des requins.

Ne nous demandez pas comment on peut se faire tuer par un distributeur automatique…

5 SUR LES ÎLES DIOMÈDE, ON PEUT REVIVRE LA MÊME JOURNÉE EN PARCOURANT TROIS KILOMÈTRES.

C'est la distance qui sépare la Petite Diomède, à l'est, qui appartient à l'Alaska, de la Grande Diomède à l'ouest, située en Russie. La ligne de changement de date passe à mi-chemin entre les deux îles. En hiver, on peut même aller de l'une à l'autre à pied.

6 SI VINGT-TROIS PERSONNES SE TROUVENT DANS UNE PIÈCE, IL Y A 50 % DE CHANCES QUE DEUX D'ENTRE ELLES FÊTENT LEUR ANNIVERSAIRE LE MÊME JOUR.

Les statisticiens appellent ce phénomène « le paradoxe des anniversaires ». Au-delà de soixante-quinze personnes, le chiffre passe à 99,9 % !

7 VOUS Y CROYEZ ? L'HOMME A MARCHÉ SUR LA LUNE AVANT MÊME D'AVOIR INVENTÉ LA VALISE À ROULETTES.

DONC NEIL ARMSTRONG ET BUZZ ALDRIN DEVAIENT ENCORE TRIMBALLER LEURS VALISES À LA MAIN AU MOMENT DE PARTIR EN EXPÉDITION...

Tout le monde sait que le premier homme a marché sur la Lune en 1969. Eh bien, apprenez que le brevet pour la valise à roulettes n'a été déposé qu'en 1970 !

8 L'INVENTION DU BRIQUET A PRÉCÉDÉ CELLE DE L'ALLUMETTE.

Le premier briquet a été inventé par un chimiste allemand, Johann Döbereiner, en 1823 (même si au fond le principe existait déjà dans les mécanismes de détonation des fusils à silex). Les allumettes à friction, telles que nous les utilisons encore de nos jours, ne sont inventées qu'en 1826.

9 LA CÉLÈBRE FIRME DE JEUX VIDÉO NINTENDO EXISTAIT DÉJÀ DU TEMPS DE L'EMPIRE OTTOMAN.

Eh oui ! Nintendo a été créée en 1889, et l'Empire ottoman a disparu en 1919. Évidemment, la société ne produisait pas encore de jeux vidéo, mais des cartes à jouer.

10 UNE COLLINE DE NOUVELLE-ZÉLANDE DÉTIENT LE RECORD DU NOM LE PLUS LONG RECENSÉ AU MONDE.

Accrochez-vous, elle s'appelle en maori Taumatawhakatangihanga-koauauotamateaturipukakapikimaungahoronukupokaiwhenuakita-natahu, Taumata pour les intimes.

11

LES HABITANTS DE LOS ANGELES SONT TELLEMENT HABITUÉS À LA POLLUTION LUMINEUSE QU'À L'OCCASION D'UNE COUPURE DE COURANT EN 1994, À LA SUITE D'UN TREMBLEMENT DE TERRE, NOMBRE D'ENTRE EUX ONT APPELÉ LES OBSERVATOIRES POUR LEUR SIGNALER D'ÉTRANGES LUMIÈRES DANS LE CIEL : DES ÉTOILES, TOUT SIMPLEMENT.

12

LE SAVIEZ-VOUS ? LE CANADA EST LE DEUXIÈME PLUS GRAND PAYS AU MONDE EN SURFACE.

En revanche, il n'est qu'à la 39e position du classement de la population.

13

SELON L'ACTION QUE VOUS ENTREPRENEZ, CERTAINS NEURONES DE VOTRE CERVEAU S'ALLUMENT. CE SONT LES MÊMES QUI S'ACTIVENT QUAND VOUS OBSERVEZ QUELQU'UN FAIRE LA MÊME CHOSE.

14

IL Y A 80 000 000 000 000 000 000 000 000 000 000 000 000 000 000 000 000 000 000 000 000 000 000 000 000 COMBINAISONS POSSIBLES POUR MÉLANGER UN JEU DE CARTES.

Autant dire plus que d'atomes sur Terre. Pas moyen de tricher !

15

DES ÉTUDES SUGGÈRENT QUE L'EFFET PLACEBO AGIT MÊME AUPRÈS DE PERSONNES QUI SAVENT QU'ELLES PRENNENT UN PLACEBO.

16 AUX ÉTATS-UNIS, UN LUBRIFIANT SEXUEL FABRIQUÉ PAR UNE CÉLÈBRE MARQUE AMÉRICAINE ÉTAIT À L'ORIGINE DESTINÉ À DEVENIR UN LIQUIDE DE REFROIDISSEMENT POUR NAVETTES SPATIALES.

Il s'appelle même Astroglide et promet des heures de glisse astronomique...

17 ON PEUT AVOIR PEUR DU VENDREDI 13.

La paraskevidékatriaphobie est une superstition largement plus répandue qu'on ne le pense. De nombreux gratte-ciels dans le monde ne possèdent pas de 13e étage, par exemple.

18

LA MATIÈRE LA PLUS NOIRE QUI EXISTE S'APPELLE LE VANTABLACK ET ABSORBE 99,965 % DE LA LUMIÈRE VISIBLE.

19

DUR DUR D'ÊTRE UN GÉNIE : ISAAC NEWTON SOUFFRAIT D'ÉPISODES DÉPRESSIFS ET DE PARANOÏA.

Le célèbre mathématicien et physicien traversait régulièrement des épisodes de folie au cours desquels il était en proie à des hallucinations.

20

UN CHAT (NOIR) A HÉRITÉ D'UNE FORTUNE DE 12,5 MILLIONS DE DOLLARS.

21 L'ÉCRIVAIN GEORGES PEREC EST L'AUTEUR DU PLUS LONG PALINDROME AU MONDE.

Le texte, écrit en 1969, comporte 1 247 mots qui peuvent être lus de gauche à droite, comme de droite à gauche !

22 AUX ÉTATS-UNIS, UN BRASSEUR A COMMERCIALISÉ UNE BIÈRE DONT LES LEVURES PROVIENNENT DE SA PROPRE BARBE.

La brasserie explique qu'il n'est pas rare d'utiliser ce genre de ferments pour fabriquer de la bière. Ça reste quand même un choc pour la plupart des consommateurs.

23

L'ARROSEUR ARROSÉ : SELON LE FONDATEUR DE MATCH.COM, UN IMPORTANT SITE DE RENCONTRES AMÉRICAIN, SA PETITE AMIE L'AURAIT QUITTÉ POUR UN HOMME… RENCONTRÉ SUR SON SITE.

24

IL EXISTE UNE THÉORIE COMPLOTISTE SELON LAQUELLE TROIS CENTS ANS DE L'HISTOIRE MÉDIÉVALE SERAIENT UNE PURE INVENTION DE L'ESPRIT.

Selon les partisans de la théorie du Moyen Âge fantôme, le Saint Empire romain germanique aurait œuvré pour ajouter trois cents ans au calendrier de l'époque.

25 CERTAINES PERSONNES ONT PEUR DE LA GRAVITÉ.

Ce symptôme a même un nom, la barophobie. Les patients qui en souffrent craignent d'être réduits en bouillie par la gravité ou propulsés dans l'espace si elle devait s'arrêter.

26 VOUS AVEZ ENTENDU PARLER DE LA PHOBOPHOBIE ?

Ça veut bien dire ce que ça veut dire. C'est le fait d'avoir peur d'avoir peur. Ça fout les boules.

27 FAKE OU PAS ? UN ARBRE A POUSSÉ DANS LE POUMON D'UN PATIENT RUSSE.

Heureusement pour lui, la branche de sapin a pu être retirée avant qu'elle devienne trop grande. L'info a de quoi laisser sceptique, mais les médecins pensent que leur patient avait dû inhaler une graine germée. C'est ce qu'on appelle une vraie fausse route.

28 LES CONFESSIONS (INTIMES) DE ROUSSEAU : JEAN-JACQUES AIMAIT LA FESSÉE ÉROTIQUE.

Le pire, c'est que ça lui rappelait sa maîtresse (d'école), Mlle Lambercier.

29 UN CHAT A ÉTÉ TRANSFORMÉ EN TÉLÉPHONE.

Pour le bien de la science, évidemment. Des scientifiques ont relié le cerveau d'un chat à des électrodes, elles-mêmes reliées à un récepteur téléphonique. En prononçant des mots à l'oreille du chat, on pouvait les entendre dans le combiné. Cette expérience de 1929 a d'ailleurs conduit aux premiers implants auditifs.

30 MARIE CURIE A FAILLI NE PAS RECEVOIR LE PRIX NOBEL DE PHYSIQUE EN 1903.

La liste initialement proposée par l'Académie des sciences ne comportait que deux noms : Henri Becquerel et Pierre Curie. Son mari a obtenu qu'elle y soit ajoutée.

31 À L'ÉTAT NATUREL, LE WASABI NE PIQUE PAS.

La sensation de brûlure provient du broyage de la tige.

32 À L'ORIGINE, LE VIBROMASSEUR EST UN DISPOSITIF MÉDICAL.

Le marteau de Granville a été créé pour lutter contre les douleurs musculaires. Son usage aurait rapidement été détourné…

33 Vrai ou faux ? Le thé est interdit dans l'armée britannique.

C'est plutôt le contraire : les chars sont même équipés de bouilloires !

34 La méthode de Heimlich n'existe que depuis les années 1970.

Henry Heimlich a publié sur ce geste de premiers secours en 1974. Jusqu'alors, on pratiquait uniquement les claques dans le dos pour évacuer un objet coincé dans la gorge.

35 VRAI OU FAUX ? LES PREMIERS INSTRUMENTS DE MUSIQUE REMONTENT AU Vᴱ SIÈCLE APRÈS JÉSUS-CHRIST.

Faux. On trouve des traces de premiers instruments de près de 40 000 ans. Les scientifiques ont en effet découvert des flûtes en os d'oiseau de cette époque.

36 LES CORN FLAKES ONT ÉTÉ CRÉÉS DANS LE BUT D'EMPÊCHER LES HOMMES DE SE MASTURBER.

Les frères Kellogg étaient très pratiquants. Ils pensaient qu'une bonne alimentation permettait de lutter contre cette pratique qu'ils réprouvaient.

37 VERTIGINEUX : PLUS DE 200 PERSONNES ONT PÉRI EN GRAVISSANT L'EVEREST.

38 VRAI OU FAUX ? L'ASPIRINE A ÉTÉ INVENTÉE POUR LUTTER CONTRE LES TROUBLES DE LA FONCTION ÉRECTILE.

Faux. En revanche, le Viagra devait agir à l'origine contre les problèmes cardiaques.

39 VRAI OU FAUX ? LE KAZOO A ÉTÉ INVENTÉ PAR UN CERTAIN ALABAMA VEST.

Faux, même si la rumeur d'un inventeur afro-américain persiste jusqu'à aujourd'hui. Le véritable inventeur est un horloger américain, d'origine allemande, Thaddeus von Clegg.

40 À L'ÉPOQUE DES DINOSAURES, LES JOURNÉES NE DURAIENT QUE VINGT-TROIS HEURES.

Du moins c'est ce qu'estiment certains scientifiques, même si le sujet ne fait pas l'unanimité. En effet, la rotation de la Terre ralentit au fil du temps en raison de l'attraction exercée par la Lune.

41 VRAI OU FAUX ? ON NE TROUVE LES HIPPOPOTAMES À L'ÉTAT SAUVAGE QU'EN AFRIQUE.

Faux. Il y a en a aussi… en Colombie. Même si leur présence est liée au parrain de la drogue Pablo Escobar qui en avait fait ses animaux de compagnie. Depuis la mort du célèbre parrain, ils sont retournés à l'état sauvage, ce qui n'est pas sans poser de problèmes au pays.

42 PENDANT LA PREMIÈRE GUERRE MONDIALE, LA CHOUCROUTE A ÉTÉ REBAPTISÉE AUX ÉTATS-UNIS.

Sur une initiative de patriotes américains, le mot d'origine allemande *sauerkraut* devait être remplacé par *liberty cabbage*, soit le « chou de la liberté ». Mais ça n'a pas trop pris. La même chose s'est produite lors de l'attaque en Irak en 2003 : les frites devaient s'appeler *freedom fries* et non plus *French fries*.

43 IL ÉTAIT INTERDIT DE FÊTER NOËL DANS LES PREMIÈRES COLONIES BRITANNIQUES AUX ÉTATS-UNIS.

La fête n'était pas du goût des puritains de l'époque. Même si l'interdiction a été levée avant la guerre d'indépendance américaine, il a fallu encore plusieurs dizaines d'années avant que la fête soit reconnue sur tout le territoire.

44 LES HUMAINS SONT ÉQUIPÉS D'UN SONAR.

Ce n'est pas le cas de tout le monde, c'est vrai, mais certaines personnes aveugles se déplacent en interprétant le son renvoyé par leur canne, un peu à la manière des chauves-souris. On appelle cela l'écholocalisation.

45 VRAI OU FAUX ? IL EXISTE UN TERRAIN DE FOOTBALL AMÉRICAIN AU SOUS-SOL DE LA COUR SUPRÊME AMÉRICAINE.

Faux. En revanche, on trouve un terrain de basket au cinquième étage.

46 BENJAMIN FRANKLIN N'EST PAS QUE L'INVENTEUR DU PARATONNERRE ET LE RÉDACTEUR DE LA CONSTITUTION AMÉRICAINE…

Il a aussi été l'auteur de textes facétieux, dont un livre sur l'art de choisir sa maîtresse.

47 EN 1859, UN HOMME S'EST AUTOPROCLAMÉ EMPEREUR DES ÉTATS-UNIS ET A LANCÉ SA PROPRE MONNAIE.

Joshua Abraham Norton était un homme d'affaires prospère avant de perdre sa fortune (et la boule, par la même occasion). Il était cependant très apprécié des habitants de San Francisco. Les bars et autres tripots n'hésitaient pas à accepter ses propres devises pour lui servir à boire.

48 Vrai ou faux ? Les gauchers vivent plus longtemps que les droitiers.

C'est l'inverse. Du moins c'est ce qui ressort d'une étude qui montrerait qu'ils risquent plus de mourir dans des accidents du quotidien.

49 Vrai ou faux ? Selon une théorie du complot, il existerait un camp de concentration secret sous l'aéroport de La Guardia à New York.

Faux, c'est complètement absurde. En réalité, les complotistes pensent qu'il se trouverait juste en dessous de l'aéroport de Denver.

50 IL EXISTE EN THÉORIE DES PARTICULES CAPABLES DE SE DÉPLACER PLUS RAPIDEMENT QUE LA VITESSE DE LA LUMIÈRE.

En théorie seulement. Mais l'existence des tachyons alimente de nombreux scénarios de science-fiction. Ils se déplaceraient si rapidement qu'ils permettraient de voyager dans le passé.

51 LE SAVIEZ-VOUS ? IL EXISTE DES PAPILLONS MIGRATEURS.

Certains, comme le papillon monarque, voyagent plusieurs mois et parcourent plus de 4 000 km !

52 AVANT DE DEVENIR L'ANIMATRICE PRÉFÉRÉE DES ENFANTS, DOROTHÉE A JOUÉ DANS DES FILMS D'ART ET D'ESSAI.

Elle a notamment eu un rôle dans *L'Amour en fuite* de François Truffaut.

53 LA DÉCLARATION D'INDÉPENDANCE AMÉRICAINE, CÉLÉBRÉE LE 4 JUILLET, A ÉTÉ RÉDIGÉE SUR UNE PEAU D'ANIMAL.

Et non sur du papier en chanvre, contrairement à une rumeur persistante. C'est une des raisons pour lesquelles le document est toujours aussi bien conservé aujourd'hui.

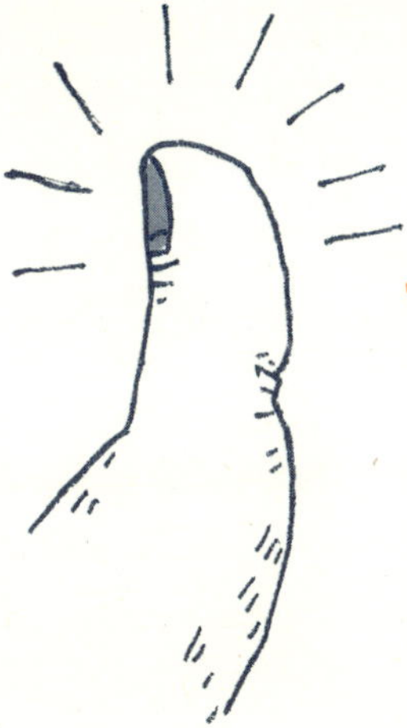

54 L'EXPRESSION "MANGER SUR LE POUCE" EST APPARUE AU XIXe SIÈCLE.

Elle fait référence aux repas brefs des ouvriers de l'époque, à base de pain qu'ils coupaient à l'aide d'un couteau… et du pouce.

55 LA CITADELLE DE KOWLOON À HONG KONG PRÉSENTAIT UNE DENSITÉ DE 1,9 MILLION D'HABITANTS/KM², SOIT LA PLUS GRANDE DENSITÉ AU MONDE.

La forteresse était devenue un haut lieu du crime organisé et du trafic de drogue. Elle a été démolie en 1993 et remplacée depuis par un parc.

À PROPOS DE L'AUTEUR

Shane Carley adore les anecdotes en tous genres, pourvu qu'elles soient incroyables et époustouflantes. Alors, quand on lui a proposé d'écrire un livre avec ses propres anecdotes, il n'a pas hésité. Fan de science-fiction depuis sa plus tendre enfance, il aurait pu consacrer tout un livre à des données sur l'espace. Heureusement que nous avons veillé à ce qu'il raconte autre chose...